FAYUAN
FANGHUA

——老故事第二辑

林媛媛 主编

吉林大学出版社·长春·

图书在版编目（CIP）数据

法苑芳华.老故事.第二辑 / 林媛媛主编. -- 长春:
吉林大学出版社,2021.11
ISBN 978-7-5692-9610-5

Ⅰ.①法… Ⅱ.①林… Ⅲ.①吉林大学法学院－纪念
文集 Ⅳ.①G649.283.41-53

中国版本图书馆CIP数据核字(2021)第234583号

书　　名：法苑芳华——老故事第二辑
　　　　　FAYUAN FANGHUA —— LAOGUSHI DI-ER JI

总 策 划：周春国　何志鹏
作　　者：林媛媛
策划编辑：刘　佳
责任编辑：米司琪
责任校对：李婷婷
装帧设计：刘　瑜
出版发行：吉林大学出版社
社　　址：长春市人民大街4059号
邮政编码：130021
发行电话：0431-89580028/29/21
网　　址：http://www.jlup.com.cn
电子邮箱：jldxcbs@sina.com
印　　刷：吉广控股有限公司
开　　本：787mm×1092mm　　1/16
印　　张：9.25
字　　数：230千字
版　　次：2021年11月　第1版
印　　次：2021年11月　第1次
书　　号：ISBN 978-7-5692-9610-5
定　　价：88.00元

编委会

序

捧着《法苑芳华——老故事第二辑》之书稿，伴随着作者之思绪，我仿佛是一个时空穿越者，细细感受着吉大法学从历史中走来进程中的一件件难忘的事儿，一个个鲜活的人。无论是书稿中提到的马起、聂世基、陈国柱、高格、王忠等诸位已故先生，还是以李放老师为代表的各位健在的先生，他们为吉大法学学科之生存发展而鞠躬尽瘁的敬业精神、爱生如子的师者情怀、献身学术的伟岸身影永远是我们仰望的丰碑和学习的榜样。那些当年大学生活中诸如"蹭饭"的幸福追忆、对"馋人的油炸糕"味道的持久怀念等点滴往事，让我们深切懂得了吉大法学人"风雨无阻桃李路，拓志未来续风流"的艰苦奋斗精神。

作为中国共产党亲手创建的学科，吉林大学法学学科肇始于一九四六年，创建于一九四八年，经历了新民主主义革命、社会主义革命与建设、改革开放和社会主义现代化建设、中国特色社会主义新时代各个发展阶段。历史川流不息，精神代代相传。吉大法学之所以创造了"在欠发达地区办一流法学教育"的奇迹，成为培养杰出政要、学术大师、大法官、大检察官、大律师的摇篮，是因为在各个发展时期我们都拥有一批心有大我、无私奉献、学术精深、可亲可敬的"大先生"，是因为历代先生们坚持用一盏灯点亮另一盏灯，真正做到了以人弘道、教书育人。

习近平总书记在中国人民大学考察时强调，要坚持党的领导，坚持马克思主义指导地位，坚持为党和人民事业服务，落实立德树人根本任务，传承红色基因，扎根中国大地办大学，走出一条建设中国特色、世界一流大学的新路。在全面依法治国战略不断推进的今天，中国特色社会主义法治实践所展现出来的法治奇迹、法治智慧和法治蓝图为法学学科的发展提供了不竭的源头活水。作为中国法学教育和研究的重镇，吉大法学要深入挖掘、讲好学科发展的"老故事"，从中总结学科发展的经验和优势，提炼可以永续传承的特质和精神，鼓励今天和未来的吉大法学人传承红色基因，把论文写在中国法治建设的大地上，立足中国法治建设理论和实践中的真问题，做真学问，契合国家发展战略和地方发展需求，讲中国故事、发中国声音，产出一批具有广泛影响力的新成果，为法治中国建设贡献吉大法学人的智慧和力量。

周春国

2021年7月

目 录

回忆我的恩师：马起先生

李　放

作者简介：

李放，1929年11月14日出生，满族，吉林省永吉县人，后迁到蛟河县（现蛟河市），吉林大学法学院教授。1945年参加工作，1948年考入东北科学院（现吉林大学）教育系，后转入司法系（法律系的前身）。1951年被选送到中国人民大学法律系读研究生，1953年回校长期执教于吉林大学法律系，历任法律系民法教研室主任、法律系副主任、法学所所长。2012年被中国法学会评为"全国杰出资深法学家"，2018年荣获"吉林大学法学学科终身成就奖"。

李放老师荣获"吉林大学法学学科终身成就奖"

2019年9月8日，法学院隆重举行了马起先生塑像揭幕仪式。此前，我接到了法学院党委周春国书记的电话，邀请我参加这个活动。当时我正在医院看病，9月8日还要做腿部彩超，参加活动确实有困难，老伴儿也劝我别去了，担心会给大会添麻烦。但我说："别的会我可以不去，这个会我非去不可，我走不动，爬也得爬去。"当我坐着轮椅进入会场时，第一眼就看到马起先生的塑像，不禁潸然泪下。学校党委杨振斌书记、蔡立东副校长和许肇荣同志等一批老教师、老校友都参加了活动。几位领导和校友的讲话使我更多更具体地了解了在中国革命各个时期的马起先生的经历，他忠于党、忠于人民，投身革命、出生入死，打击敌伪政权、巩固革命政权，严于律己、艰苦朴素、廉洁奉公，为新中国的法治建设作出了卓越的贡献。

我和马起先生相识在1954年，他当时应邀来东北人民大学（现吉林大学）工作，任法律系（现法学院）第一系主任，杜若君教授任第二系主任。杜若君教授的学术水平很高，是民盟的主要负责人之一，平时会议比较多，因此马起主任把很多杜主任应该承担的工作都做了，而且毫无怨言，由此可以看出马起先生的人品。我本来是法理教研室的普通教师，常常去向他请教民法方面的问题。他问我有没有学过民法，我说在中国人民大学读研究生时听过唐仕儒教授的民法课，不过因为我是旁听，是断断续续的，我说我自学过罗马法。马主任说那很好，从广义上说罗马法是民法的渊源。当时马起先生既是系主任，又兼任民法教研室主任，该教研室的陈国柱老师本来很好，可是因为他曾担任过伪满"最高法院"民庭审判官的政治身份问题，被安排到图书馆去工作了，于是马起先生就把我调到民法教研室当主任，从此我就成了马起先生的"门徒"，他是我的恩师！

马起教授塑像

马起先生非常热爱从事党的政法教育工作。在教学科研中，他认真贯彻党的各项方针政策，积极宣传马列主义、毛泽东思想。在民法、婚姻法方面撰写了大量文章和专著，这些公开出版的文章，大多都有新意，可以说，他引领了部门法的发展，得到法学界的赞许。他非常认真地对青年教师进行培养引领，希望他们能更好更快地成长起来，他教过的学生很多都成了民法、婚姻法领域的专家，在北京大学、中国人民大学都有他的"门徒"在那里执教，并都得到学术界的赞赏。他非常重视对青年教师的人品培养，他自己真的成为了榜样，很多人都知道他为人特别耿直，不阿谀奉承，坚持真理正义，宁折不弯。

马起先生到法律系工作以后，立即深入课堂听课，他先听了于长润的刑法课，又听了几位教师的课。当时的法学教材基本以苏联的为主，每位教师都有苏联的法学课本，马起先生对在中国讲苏联的教材感到非常惊奇，对此很不愉快。他说，中国是主权独立的国家，不是苏联的殖民地，你们学的这些东西没用。当时我们这些青年教师都是到中国人民大学法律系参加培训的，上课的都是苏联专家，有两个翻译现场进行中文翻译。当时我也不太赞同苏联专家讲的国家法权理论，也曾经同苏联专家讨论过。我对专家说，你讲的可以说大部分都是国家法，是属于政治学范畴，你讲的关于"法"的内容太少，对法学研究起不到基础作用，是否可以把国家学说和"法"分开讲，重点讲一讲"法"呢？专家说我这是机会主义，是反动的。翻译付德新同志认为我很有想法，鼓励我和专家再探讨几句。于是我未加思考地对专家说，我不同意你扣大帽子的意见，举个例子，医学为人治病从大的方面分内科和外科，小的方面，还有耳鼻喉科等，你能说分科系就不是人了？翻译把我的话翻译过去之后，专家把大皮包一摔，气汹汹地走了。晚上教研室韩铭立主任找我谈话。我对韩主任说，我可能有不对的地方，但专家不讲道理，给我扣政治大帽子，说我是机会主义，我不能接受，我还是坚持有朝一日，把国家学说与"法"分开来讲。

马起先生听完课以后，决定在吉大法律系废掉苏联教材，让教师们利用一年的时间根据中国的法律实践编写中国自己的法学讲义，构建法学教育新体系。编写新讲义是从无到有、除旧布新的过程。为了确保新讲义能够坚持正确的政治方向，马起先生领着师生们学习《国家与革命》《共产党宣言》

《家庭所有制与国家的起源》《资本论》等马列原著，认真领会原著的精神实质。当时我国只有《中国宪法》《中国家庭婚姻法》两部成文法典，其他部门法都是红头文件形式的单行法规。他让我们参照这两部成文法典和文件精神来编写讲义。就这样，马起先生指导我们这些青年教师都写了初稿，他再逐一审定，之后再送到学校打字室刻钢板，然后油印出来，这是吉林大学法律系第一部自己编写的法学教科书。当时吉大法律系归教育部和司法部双重领导。书写成之后，马起主任向司法部做了汇报。司法部领导听了之后非常赞赏，说我们吉大法律系立了大功，要求其他还在讲苏联教材的政法院系也得这样做，并指示吉大法律系搞出一套教学大纲，让其他政法院系参照。后来司法部组织召开了一次全国政法院系骨干教师交流会，我们各教研室主任向参加会议的各校教师介绍了教学大纲。从这件事来讲，可以说马起先生是中国法学教育的里程碑式的人物，他的卓越贡献值得我们永远铭记！

马起教授塑像揭幕仪式

非常遗憾的是，在"文化大革命"期间，"四人帮"利用不晓世事的红卫兵疯狂推行"极左"路线，残酷打击和迫害革命老干部和革命知识分子，马起先生未能幸免。

从1966年9月开始，学校停课，干部下放。1970年，马起先生在身患重病的情况下，随着他的女儿马耕被强迫下放到辽宁省新宾县，于1972年4月4日含冤逝世，终年68岁，当时唐敖庆校长带队前去吊唁。粉碎"四人帮"之后，根据我党"实事求是""有错必纠"的一贯政策，学校对马起先生的历史结论和现实表现，认真地进行了复查，推倒了一切强加在马起先生头上的不实之词，做出了符合实际的正确结论，于1978年6月召开了平反昭雪大会，公开为马起先生平反，恢复其政治名誉。令人欣慰的是，吉大法学人没有忘记马起先生。在第35个教师节到来前夕，吉林大学法学院和法学院北京校友会共同为马起先生塑像，他的学生们从四面八方赶来参加大会，共同缅怀这位恩师，这是纪念，更是传承和弘扬。今天，吉大法学人应以马起先生为榜样，在校党委的领导下，高举习近平新时代中国特色社会主义思想伟大旗帜，不忘初心、牢记使命，在逐梦中探索、在继承中前行，将马起先生未竟之事业进行到底，把吉林大学法学院建设得越来越好，为中国的法治建设和发展做出更大贡献，以告慰他的在天之灵。

深切怀念聂世基老师

许肇荣

作者简介：

许肇荣教授，生于1939年，吉林省榆树市人。1960年保送入吉林大学法律系学习，1965年毕业留校工作。曾任党总支副书记并教授《犯罪侦察学》《犯罪预防学》课程，是该学科奠基人，发表该学科首部专著。

1985年调入北京，在中国人民公安大学任教。多年来一直从事《刑事侦察学》理论研究和教学工作。曾主持和参与多项国家社会科学项目研究，并发表数十篇论文和著作，受到好评和嘉奖。

在吉林大学法学院建院70周年时，荣获"功勋育才奖"。在中国人民公安大学建校70周年时，荣获"70名突出贡献人物"提名奖。

聂世基老师是我的恩师。1960年秋，我被保送到吉林大学法律系学习法律专业，时逢聂老师从中国人民大学法律系毕业后分配到吉林大学法律系工作，并成为我们的班主任。他温文尔雅，富有爱心，与同学们相处十分融洽，成为我们的良师益友。

我毕业时，在他的极力挽留下留系工作，后来还搭班子一起共事二十年。他一直像老大哥一样关心爱护我，我每一个进步都有他辛勤培育的印记。我们一起规划

20世纪70年代聂世基老师旧照

法律系的建设与发展，一起带领全系教职工浴火重生，将美好的蓝图付诸实践，成就了今日法学院的辉煌。

聂世基老师是吉大法律系浴火重生名副其实的功臣，是法学院建立和发展的奠基人。1985年我们又一起调入中国人民公安大学工作。可以说，我们是五十七年相处相交相知的师生、同事和挚友。不幸的是他于2017年6月8日因病医治无效，离开了我们，享年八十岁。他的逝世，让我们失去了一位可敬可爱的师长，法学界失去了一位平凡而伟大的法学教育家。我无比怀念他。

聂世基老师于1936年10月1日出生在山东省莒南县大山前村的一个农村家庭。1952年，年仅十六岁时就以优秀青年的资格被青岛公署公安处录用，成为一名光荣的人民警察，业绩不凡。1956年，他以优异成绩考入中国人民大学法律系，从此与法学结缘。1959年加入中国共产党，成为一名优秀的共产党员。

1960年聂世基老师大学毕业，被分配到吉林大学法律系工作，历任政治辅导员、党总支委员、副书记、总支书记。他在吉林大学法律系工作了二十六年，将最美好的青春岁月贡献给了国家的法律教育事业，培养出了大批司法界栋梁之才，受到广泛的赞誉和学子们的爱戴。

在狂风暴雨般的"文化大革命"中，他始终保持着清醒的头脑和坚定的政治立场，不向恶势力低头，不随波逐流，对"四人帮"的倒行逆施痛恨不已。在被造反派迫害凌辱的情况下，他始终坚守着共产党员的人格底线，坚持信仰。

1968年他加入法律系领导班子，成为核心成员。他秉持公正、正义的行事原则，团结正派力量，排除干扰，保护受到不公平待遇的同志涉险过关，保护了一批教学骨干力量。

1972年初，在他的主持下，我和何鹏老师参加并共同草拟了恢复法律系招生的报告，并由我陪同亲送教育部、司法部审批。在他的主导决策下，吉大法律系冒着政治风险第一个在全国举办司法干部培训班，为提高司法干部的思想素质、业务素质，吹响了号角，同时也为日后恢复招生做了思想上、组织上、业务上、管理上的准备。当时，全国法律院系都遭受了灭顶之灾，人员几乎全部被遣散，唯有吉林大学法律系尚存十二名教师。为了筹备恢复招生，聂世基老师积极大胆地将下放农村的法律系教师迅速抽调回校，集结成强有力的师资队伍。在他的领导下，重新设计课程内容、教学方法、师资配备。他带头编写教学讲义，收集教学资料，还经常在繁忙的党政工作之余亲自操办印刷、发行等琐碎工作。他是一位名副其实的"双肩挑"干部。

1973年至1976年，吉林大学法律系招收了四期工农兵学员。他十分强调学生应以学为主、兼学别样，反对学生荒废学业专事"斗、批、改"。他以身作则，深入教学、实习第一线，调查研究，体验生活，总结办学经验。在1974年反击右倾翻案风的政治风浪中无端遭受批判，但他矢志不渝，坚守初心，直至"四人帮"覆灭。正是在他的坚持下法律系很好地贯彻了"以学为主"的教育方针，培养出许多法律界的有用之才，其中不乏政法界的精英。他提倡选拔优秀毕业生充实教师队伍，以解决师资队伍后继乏人的问题，并继续为他们提供发展、提高的空间和条件，培养出一批杰出的青年法学家。

1977年恢复高考招生，大批优秀青年考入吉林大学法律系。为适应四年全日制教学需要，他组织全系教师自编具有吉大特色的法学系列教材，通过出版社正式印刷出版，彻底摆脱了打字、刻蜡版、油印教材的落后模式，每科都有正规的教科书和相对应的参考资料。这是一个中国法学建设划时代的壮举，对此聂世基老师功不可没。

1971年秋作者与聂世基老师合影

1977年至1986年十年间，吉林大学法律系为政法战线和政法教学战线培养和输送了大量的品学兼优的人才，创造了"吉大品牌"。这些学子成为政法界的中流砥柱，有的担任党和国家重要机关领导职务，有的成为法学界的知名专家学者，受到广泛的好评与赞扬。聂世基老师无愧于"吉林大学法律系浴火重生的功臣，吉大法学院建立发展的奠基人"的历史定位。

1986年调入中国人民公安大学之后，聂世基老师一切从零开始，积极创建科研处并担任第一任科研处处长，规划公安学学科研究方向，积极组织教师申报国家、公安部课题项目，争取资金支持，并设计规范了科研工作的相关条例和规则，设定课题项目管理细则，适时总结表彰优秀项目和课题主持人。在他的推动下，许多课题项目获得国家、公安部、北京市的嘉奖。科学研究极大地活跃了学术研究的气氛，促进了教学内容的更新和使用，为公安大学立于科研强手之林争取了一席之地。聂世基老师晋升为教授和一级警监之后，行政、教学工作两不误，一直活跃在讲台上，并带头从事科研工作，开公安大学科学科研事业之先河，为培养本科生和研究生做出了重要贡献。

聂世基老师忠于党、忠于人民、忠于公安事业，他将毕生的精力和心血全部无私地奉献给了人民的法律教育事业。他一生勤勤恳恳，任劳任怨；为人正直，善良友爱；严于律己，宽以待人；光明磊落，勇于担当。斯人虽已去，但他可贵的品质和高尚的情操，永远铭记在我们心中，是我们取之不尽、用之不竭的精神财富和力量源泉。

亲爱的聂老师，我们永远不忘师恩，永远怀念您！

我与法律系七三级学员

许肇荣

"文革"发生后，大学一直处于动荡、混乱状态，学校停课闹革命，随着全国政法机关被砸烂，政法院校被遣散，吉大法律系也不例外。一九七二年，按照毛主席的指示："大学还是要办的，我这里主要说的是理工科大学还要办"①，这一年的夏季有些理工科院校开始招收工农兵学员了，如北京的清华大学先行一步。一九七三年，吉林大学法律系按上级要求，也开始招收工农兵学员入校学习。

我在结束中央警校进修刑事侦察课程后立即返回学校，全身心地投入了迎接新生的工作。

当时，吉林大学文科已经八年没有招生了，终于盼来恢复招生的这一天，老师们的心情无比激动，全力投入备课，印制讲义、参考资料，深入法院、检察院、公安局调查研究，收集典型案例，为新生准备充足的"精神食粮"。系主任赵光鉴、总支书记聂世基全身心地投入招收新生的筹备工作中，事事带头，亲力亲为。

法律系七三级招生分布在三个省，吉林招十一名，贵州招十二名，江西招十三名，共三十六名。他们都是来自各条战线的先进分子，大部分是高中生，少数同学文化水平稍低一些，但个人素质都比较好。

此次招生采取三年学制。开设的课程有：共同理论课，如哲学、政治经济学、党史；法学理论课，如法理、宪法、法制史、法制思想史；专业课，

---

① 此指示是1968年7月21日，毛泽东对《从上海机床厂看培养工程技术人员的道路》的调查报告作出的批示。详见：中共中央党史教研室著《中共党史大事年表》，人民出版社出版，1987年版365页。

如刑事政策、刑事诉讼程序、民事政策、民事诉讼、公安业务等课程。

法律系的师资力量比较强，各专业均有学科（学术）带头人，如宪法学的张光博、韩国章，刑法学的何鹏、高格，法理学的王子琳、李放，法制史、法制思想史的王侃、徐尚清、刘富起，国际法学的高树异，民法学的王忠、刘兴权、陈国柱，刑事诉讼法学的邓崇范、任振铎，民事诉讼法学的周元伯、周之源，刑事科学技术学的孙占茂、马治和，犯罪侦察学的许肇荣、王昆范，以及马克思主义经典理论的邹广志、李忠芳等。这些骨干教师，构成了吉大法律系恢复重建的师资力量基石。他们所教授的课程，既有理论深度又有实践价值，学生们受益匪浅。

我在一九六八年秋季，就已被吸纳为法律系领导班子成员（党总支委员），因为年轻，分管学生的日常管理教育和带队到部队学军、下农村学农、到工厂学工，兼授犯罪侦察学（公安业务）课程。

一九七五年春季，全国高等院校学习辽宁朝阳农学院办学经验，即将教学课堂搬到农村去进行实地教学，后来被称为"种棉花"的经验，在全国高校推广。我被分配到怀德县刘房子公社红星大队三队，与张雄安、张惠玉、胡延滨、龙桂珍等同学在一个小组。我们与社员一起劳动、一起开会，住在社员家吃"百家饭"。

法律系应当到法院、检察院、公安局去实习，做到"理论联系实际"才是正道。学生到农村去帮助干庄稼活，除能体验农民的艰苦生活外，无法做到学用结合，形式主义的学"朝农经验"害人不浅。这种做法引起了下乡师生的强烈不满。我带的七三级这个班，在班干部崔永东、郑克昌的带领下，部分同学回校表达不满，提出"在庄稼地里学不到法学知识和司法业务"，强烈要求回校复课或到公检法单位学习。迫于学生"上、管、改"的特别授权，学校党委同意七三级学生在农村复课，边劳动边上课。

带队下乡的老师，没有在农村上课的准备，我只好临阵磨枪，给七三级学生在生产大队部上课，讲授犯罪侦察学。开篇讲授的是马玉林的《步法追踪》。在农村讲授这门功课具有地利方面的优势，可供设制"模拟现场"，制造成趄足迹，便于测量步幅、步长、步宽及步态特征。

"步法追踪"是基于人的"动力定型"原理总结的一门侦查技术，每个人都有独特的站立、行走、坐卧姿态特点，如同千人千面一样。基于这一原理，可以判断人的身高、性别、年龄、行走姿势、姿态，以及其他形体特征。在侦察案件中可以确定嫌疑人的范围和重点人物，提高破案率。学员们学得有兴趣，我的教学情绪也很高涨，夜以继日地备课、讲授、答疑、批改"现场勘查"作业，事事认真，受到学员好评，在教学相长中，加深了师生情谊。

事有凑巧，我所在的公社粮库被盗，公安特派员一筹莫展。住在他家的赵梅时（七三级女生，因年龄较大，同学们戏称其为"赵老"），发现"宋公安"愁眉苦脸，便问发生了什么事情，他告知"盗粮案"难以破获，心急如焚。赵梅时听后说："你去找我们许老师，帮你们分析一下案情，研究个破案方案，以解燃眉之急。""宋公安"立即到我住处请求帮忙。我向他询问了发现粮食被盗的基本案情，问他现场有无盗粮者的足迹，他说："有。"我说："好，咱们一起去公社粮库看看现场吧。"我来到现场仔细观察一番，发现公社粮库一座粮囤底部被盗粮者掏了一个小洞，地上散落着一些黄豆，北墙根有明显足迹，盗粮者翻墙而过，朝向正北的方向留下成趟的足迹。见到这般情景，我十分高兴，于是拿出我学到的本事，丈量起脚印的长度、掌宽、步宽、步长，观察步态特征……以此判断：盗粮者身高约1.65米、年龄40岁左右、偏瘦、外八字脚，逃走方向为北方自然村，该人熟悉粮库内部布局及防范角落。

依据这一分析判断，"宋公安"深入正北的小村落，那是一个贫穷落后的小村庄，五十多户村民，治安情况不良，村邻矛盾、干群矛盾多发，偷盗是经常发生的"家常便饭"。"宋公安"到村子后，立即召集35岁至45岁的社员开会，公布案情，动员提供盗粮者的线索，并劝导盗粮者坦白自首，争取宽大处理。但一时没有结果，悻悻而返。可就在他回公社的路上，迎面来了一个人，男性，40岁左右，偏瘦，八字脚，正符合犯罪嫌疑人的体貌特征。他见到"宋公安"，立即跪倒在地称："我有罪，我有罪。"兴许是有人给他通风报信了，带回公社一讯问即一五一十如实交待了盗粮经过，此案由此告破。

"宋公安"大喜过望，特意到我的住处致谢。我趁势提出，在本公社参加"学朝阳经验"的学员，每半月到公社集中学习一次，为期三天，吃住都在公社，"宋公安"慨然应允，主动提出学生吃住全由他负责，用以回报帮助破案之"恩"。那时，学生们都是到社员家吃"百家饭"，苦春头子无菜可吃，经常吃葱叶子蘸大酱，萝卜条子蘸盐水，高粱米捞饭奇硬无比，难以下咽，许多人因无油水而大便不通。此后，由于师生每半个月能去公社集中上课学习一次，也借机改善了一下艰苦的生活。

我们每次到公社集中学习，"宋公安"都要杀一口猪，三天肥吃肥喝，吃得好多同学又拉起了肚子，有人戏称"战地黄花分外香"。"宋公安"很够意思，每次集中学习他都认真当"后勤部长"，照料我们师生的饮食起居，还旁听老师讲课。当我们师生离开刘房子返校时，真是恋恋不舍、挥泪相别。自此，"宋公安"凡到长春办事或遇疑难案件都会来找我，咨询分析案情、确定嫌疑人、研究突破重点。我们之间处得相当好，直到我调到北京还时常有联系，这位朋友很值得交往。

收获，那就是体验了农民的艰苦生活条件和农村经济落后、文化匮乏的状况；缺点，是在农村只管劳动，浪费了大量的学习文化知识的宝贵时间。一九七五年六月中旬，我们师生全部返回学校，恢复正常学习生活。

2008年9月作者许肇荣老师与部分七三级同学留影

七三级是"文革"中吉大法律系浴火重生的先行者，是"文革"中恢复招生的"试验班"，他们起到了"铺路石子"的作用，为后续的招生积累了宝贵的经验。由于七三级学员的到来，散落在各地插队落户的教师迅速被调回学校，集结保存了优秀的师资力量。由于七三级的三年学制所要求，促使法律系重新构建学科教学体系，设计课程设置、规划教学内容、改变教学方式方法，老师们为编写"教学大纲"，自己动手油印蜡板刻制"讲义"，夜以继日地工作，为日后的法律系自成体系的教材编写和科研打下了基础。

七三级学员不乏优秀人才，吉林、江西、贵州有不少同学后来都担任了领导职务，他们以卓越的才干取得了出色的业绩，以清廉的人品赢得人们的尊重，为母校争得了荣誉。七三级学生的成功，证明了当时法律系的教育是成功的。我作为学生思想教育的负责人，敢抓敢管，不惧怕"工农兵学员"的造反、抗上、蔑视教师的优越感和行为。学员有困难就主动帮助解决，像亲人一样地体贴、关心、照顾他们；他们违反校纪校规或有不良作风，毫不手软进行处理，在他们认识到错误之后一视同仁。这样做的结果是我与学生们建立了深厚的友谊，成为他们的知心朋友，是公认的"老大哥"。他们毕业四十多年了，许多七三级的同学还跟我保持着联系。特别是网络时代，我与他们通过微信互通信息、交流思想，建立了我们师生共同的精神家园。

七三级为打造吉大法律系的品牌，提高知名度做出了不可磨灭的贡献，是吉大法律系发展史上的重要篇章，历史应该记住他们。

你从草原来

崔卓兰

作者简介：

崔卓兰，女，汉族，1953年9月出生于吉林省吉林市，吉林大学匡亚明特聘教授，华南师范大学法学院原院长，国家社科基金重大项目首席专家，中国行政法学研究三十年杰出贡献奖获得者。在行政程序、行政法律关系、非强制行政行为、行政规章、地方立法等行政法基础理论问题形成了系统的思想学说，著有《行政程序法要论》等专著，在《中国法学》《法学研究》等法学核心刊物上发表论文100余篇。

此季，北国的长春，已是冰封雪飘。李洁吾友，相隔三千里之遥，你的生活和起居都还好吧？

初　逢

人到老年，飘飞的思绪，不时去到上世纪八十年代，那些国家改革开放、社会万象更新的岁月。

彼时，每逢秋季开学，借教室召开教师大会之际，系主任栗劲先生或党总支书记聂世基先生，总会逐个介绍推出留校新人。

接下来，会有几位衣着朴素、模样端庄的年轻人，陆续站立，神情腼腆地朝众人俯身鞠躬。

这当中，便有日后长年耕耘校园，迄今名扬学界的七七级崔建远、霍存福、徐卫东，七八级郑成良、石少侠、马新彦、车丕照、赵新华等。

遇此情景，总不免让我联想起插队农村时亲历：空空如也、四面透风的生产队部，旱烟的浓雾中，身沾泥土喜上眉梢的队长，向挤满土炕上和窗台边的全村老少，逐一报告辛劳整年后，所获的收成进账。

与李洁你的首次见面，却又不似在那种场合。这也许，恰逢你缺席，或因你比起同期生来，更加的低调。

我俩结识，仿佛是在法律系团总支办公室。

那里，曾一度为来自本校哲学系的，孟宪铎老师的"领地"。其时，他还走在从团的书记到党的书记路上。

他虽家居远郊，每日乘公交往返，但不分严寒酷暑，永远准点满勤。

偶然一天，我或自敞开的门，看见了新加盟的你。记得，你好像穿件浅红罩衫。而我，也曾买过此一色系的衣服。

当时，一部名为"街上流行红裙子"的电影，正满城热映。将人们的感官，从"黑白片"视界中唤醒。

大千世界中，五颜六色本相的还原，几乎使所有人欣喜并跟从。

红颜色的衣着穿戴，在市面抢滩登陆，与重新启蒙阶段的美学见解，彼此呼应汇合。

你个头不高，身型苗条，面庞清秀，浓眉长睫。又黑又亮的双眸中，闪射出坦率诚挚的光。

获知你是七八级的，让工农兵学员出身的我，一时自叹弗如。而你，却丝毫未给人以居高临下的感觉。热情的微笑，春风般和煦。

时任团总支副书记，你与正职配合良好。常在办公室与人谈公事、埋头填表写字，或静悄悄"守铺"。

都晓得，学生工作分外繁琐耗神，而你做得细致投入，不由让我平添几分敬佩。

因与你交往，渐多了进入团总支办公室——这个法律系公权力"次高点"的机会。

我发现，有个墨绿颜色、两米层高的大铁柜矗立墙角。金色把手和不锈钢圆锁，镶嵌中部，镜面似的光泽闪亮。其与旧胶合板卷柜并排摆放，更显示水落石出的效果。

孟书记的座位，紧靠在铁柜前。神情严肃的"团"首长，整日"坐镇"，像个忠诚的守卫。

如此重点保护，更激发人启动攻略。"侦查手段"一上，谜底很快揭晓。

内里果然有家当，除学生档案、公章印泥外，还包括数量不多，但印有吉大法律系字样的信封和稿纸。

与亲朋好友通信，若佩上新单位的标志符号，很让人有点小得意。

我会同七三级留校的张秀珍师姐一道"深宫夺宝"。而李洁你，欣然充当内应。

于是，有两次孟书记刚启动旋钥匙程序，我和秀珍两个便"恰巧"出现、适刻开口，成功索要去以页计的信纸和以个计的信封。

后因仨"同谋"之间，即刻表露相互交流的得意神情，被孟书记识破，"统一行动"就此宣告结束。

结　友

刚入职那几年，你、秀珍和我，均系教师队伍中住单身宿舍的小字辈，这给了我们下班之后，逗留各自办公室的"特权"。

长春的冬季，寒冷漫长。往往早上还响晴，中午就阴云覆盖。黄昏未至，骤转北风，气温飞流直下。

随即，鹅毛似的雪片，纷扬飘舞，天地间很快混沌一片。

自文科楼出发，去图书馆楼教工食堂吃晚饭，须横穿车水马龙的解放大路。遭遇街灯迷离视线模糊、行人三步一滑的状况，谁都视为畏途。

通常便照例行事。趁其他教师不在岗，学生回宿舍就餐空挡，我们取来墙角堆放的空心大葱、生芽土豆，翻出藏置桌内，启用时东倒西歪、火星乱溅的自制电炉。

一路犯规违章下来，煮出香味四溢的葱花土豆汤。

暂居刑法教研室，"筒子楼"轮候中赖宇老师贤惠的妻子，二道公安分局的小刘，有时递过来一把挂面，以补充粮草短缺。

打发完肠胃，待课铃一响，立马坚壁清野，与在校生同步晚自习。

特定的天气和场景，有时引发我精神溜号。

凝望着窗含的雪花和冰凌，眼前出现普希金诗篇中的画面：遍野苍茫的西伯利亚，寒风刺骨的流放长途，行走着不屈服沙皇统治的十二月党人，还有他们美丽高贵的妻子……

临近夜半，人流慢慢自文科楼、理化楼、图书馆涌出，一张张年轻的脸庞，依旧神采奕奕。

雪后的空气，最是沁人心脾。不期然，或能目睹一轮皎月悬空。银白无瑕的世界，带人进入童话般境地。

返回住地的沿途，可见煤油灯摇曳闪烁，那是摊贩在街边叫卖烤红薯炒瓜子。不甘打烊的小店，依然开着门营业。归宿中的学人们，是他们收摊关门前，所期盼的最后买主。

远处，又有隐约断续的卡拉OK声，不时传来，轻敲耳鼓。

马路大学坐落市井，人间烟火时刻来袭。市场经济潮水涌动，普通百姓挣点小钱，已愈发不是难事。

贫穷年久，谁不盼哪怕些微的改善？我等其时月工资三十九元，买件稍像样的衣服，尚需自伙食费中节余。

而终日在身边，辛勤耕耘的师长，个个家徒四壁生活困窘，似在给高校"青椒"的未来"打样"。

然而，年少失学觅书无处，文化知识欠账，个人能力总不从心的经历体验，让我深深明白：唯有这里，才可能较快弥补前半生的遗憾和短板。

还有，包含李洁你在内，七七级以后，陆续留系的同事，既学业优异又质朴谦和。这两点集合一身，尤其对年轻人而言，真正难得。生性愚钝的我，能与一代杰青并肩前行共赴事业，又夫复何求？

更况且，高校园中，自由民主气息浓郁厚重，虚伪诌媚之风难登台盘，仅此一点，也足以让人心折眷恋，徜徉终生无悔。

征　程

住房之烦恼压力，对国内多数的年轻一族，眼下仍如影随形。其实，四十年前也如此。只是，内容形式不同，男女更加有别。

那年代，商品房是什么东东，尚无人知晓。实行以低工资为前提，各单位自己负责建造并分配的，谓之"福利分房"的制度。

分配原则中，其中重要一项叫"以男方为主"。所谓的"为主"，可理解为几乎没有例外。

这意味着，女职工不享分得本单位住房的权利。不结婚，要长住集体宿舍，直至终老。结了又离，要打回无房落脚的"原型"。

对此有童谣为证："世上只有爸爸好，有爸的孩子才是宝，离开爸爸的怀抱，房子没有了。"

在吉大，与男同事一般尽力从业的女职工，所遭遇的情况，与外界别无二致。

天资聪颖加勤奋踏实，留校没两年，李洁你就考取了刑法专业的硕士生、博士生，成为新中国第一位刑法学女博士。并且，嫁得如意郎君——憨厚内秀的小杨，生下可爱的女儿卓超。

只是，靠小杨单位，解决住房也困难，直白了说即是无望。这种情况，当时社会上屡见不鲜。

校党委宣传部，有段正急缺部长。校领导慧眼识人，锁定了你。为顺利落实组织决定，答应为你解决住房。

于是，在恨只恨分身乏术的人生"爬坡"期，你边钻研学术、边给吉大当"喉舌"、边担任家庭主妇，"一星管三"。

几年后，你又回到法学院，当上教授、博导同时兼任副院长。

再以后，你成长为本学科中的领军类人物，中国刑法学研究会副会长，吉大刑法专业"五朵金花"的"大姐大"。

外表瘦小的你，似有无穷活力，把担一项也不容易的角色，看起来轻松的经年累月一肩挑。

一些职场成功女性，会自觉不自觉被社会身份绑架。既技高一筹官大一级，便要时时处处艳压群芳威震众人，全方位光焰四射。在你身上，这些特征遍寻不获。

深蓝运动服，是喜欢运动的你之最爱，长年穿在身，租来的一般。

你女儿小时曾当我埋怨，妈妈没时间买菜，拿土豆当馅，包饺子"对付"她，你听罢仰头哈哈大笑。

一次过马路时，你被汽车撞倒伤了头部，住进校医院，大家忙去探望。

病室门口，却听见你在朗声交谈。面对表情诧异的众人，你笑问道："各位是不是想知道，是汽车撞了我，还是我撞了汽车？"

腹有学识又平易近人，是非原则面前绝不含糊，这让院里无论年轻年老，都信任你。让轮换数届的男性正院长，都尊重你。

日久天长，你用始终如一的言行证明：女人的魅力，不止在貌美如花。

雁 归

算来已有十几年了，正在潜心建构"李洁刑法体系"的你，脑病出现端倪。

开始，我们都从心理上抗拒它。我举出自己日常也丢三落四的种种，借以论证老之将至，人人概莫能外。想安慰你，也企图说服自己。

你的病情，起初并不明显。逢闲暇，大家爱"扎堆"吃喝打牌。然后，"嘿"住蔡立东教授、李建华教授当"施主"买单。你也时常应邀参加，与众人把酒言欢、逗趣笑谈。

多年的同事，渐成手足情、忘年交，朋友们都希望你尽快好起来。

随人生舞台灯光渐行渐远，我俩不约而同，都喜欢上位于城市东南角，著名的长春净月潭公园。

逢春夏秋之季，时常相约相伴，舍近求远的驱车那里。

去到林荫茂密的小道、艳阳照耀的大堤、高低不平的土岗，长时间地徒步。

在远离喧嚣的优山美地，我俩边走边聊，话题漫无边际。从毕生感悟、陈年故旧到儿女家事。

难忘那次，几个月未见，我发现你的面容有些憔悴。问罢，方知你姐姐的女儿，在此不久前，怀孕期罹患重疾。最后，造成母亲和胎儿的双双殒命。

你与我细说始末。谈到事发开头，如何想方设法瞒住你姐。后来，你的姐姐姐夫，又反转过来，劝慰火车上就禁不住大放悲声的你。

讲述这不忍卒听的过程时，你声低句缓，不时停顿。但是，没有哭泣。

只是，暗淡的目光，凝望着净月潭深不可测的水面。后又抬眼，望进头顶缥缈无际的蓝天白云里。

多年以来，无论你我，遇事早已习惯不抹眼泪。嫌它奢侈、费时，也于事无补。

可是，这次的一切，毕竟太惨痛了，超过常人的心理和情感承受力。

自然界中，人类渺小软弱，抗灾能力有限。对付积郁胸中的块垒，有时别无他法，也只好籍凭眼泪冲刷化解。

金属钢铁，尚有不胜重压之时，更何况，人系血肉之躯。你表面平静如斯，其实在独吞苦水。如此，最终的后果堪忧，这让我隐隐不安。

阴险的病魔，继续侵袭你。像个被输入邪法的板擦，不动声色地搞鬼作祟。一点点一步步，抹去你脑中的印象、记忆和知识储藏，无情又残忍。

这令包括医生在内的所有人，暗暗地无奈和叹息。

2014年，你59周岁时，你的学生和本专业同事，顺应俗例，提前为你举办60岁的生日庆典。

事前，你带的博士，法学院的王志远教授，专门打来电话。他告知我："李洁老师叮咛，要通知您来参加。"

那时，你已处于置身寒窗数载、工作多年的母校，有时也辨不清方位、地点的境况。但是，还没忘了约上我，一道分享对于你，最快乐最幸福的时刻。

那应该，是在记忆深处，还保留着我这老友之故吧。想到这些，我感动，也心酸。

你的生日庆典，在长春前进大厦举行，隆重而温馨。你的硕士博士、亲朋好友从四面八方赶回，簇拥你身旁。

大厅门口，摆放着你过往的照片，白衣格裙巧笑倩兮，清纯又靓丽。当日的你，一袭深红旗袍，胸带鲜花，精神矍铄。

这中间，不知不觉，已是几十年岁月光阴相隔。一步一个脚印的你，可谓不枉此生，我从心底为你骄傲。

你的致辞，简短有力。你说："当个好教师，是应该的。"这话发自肺腑，它一定在你心头，铭刻经久萦绕多年。

后来的日子，你变得日渐消瘦。见面时，话也不多了。

但我总感觉，你的神思仍有所属，她带着你一生的情感、寄托和回忆，始终不停地四方漫游翱翔。

只是，飞向我等凡尘俗人，眼睛看不见、心灵难感应的地方。

三十多年前，初见那一天，你就曾告诉我，你是内蒙古哲里木盟人（今通辽市）。这让我知晓，你从科尔沁大草原那边来。

毕业后，我们各自安家省城。随之而来的经历，又似由命运的密码，没商量地预设。

月复一月，周边群楼疯长、高架盘旋，巨幅广告遮天蔽日，让出行者愈发形若蚂蚁。

年复一年，眼前街巷纵横、状如棋盘，马走日象走田一般，限定日常生活轨道。

这轨道，循环往返重复不断。如此连接中，便完毕了普通人的一生一世。

路途上，铺就繁华锦绣，也充满诱惑玄幻，让人欲罢不能。不过，争名逐利斗法和角力，也始终贯穿全程。

而且，其中没有哪一条，不狭窄不排他。

这份熙攘挤逼，让多数生命归途中人，早已不想流连、不再适应。

知己知彼，我猜你的如今，必也是常心驰神往，回归去生你养你的家乡——那天高地阔的内蒙古、清新纯净的科尔沁吧。

那里，花如雾，草如海，牧歌如天籁。

那里，雁飞成阵、马驰似电，长路、天涯望不断。

但愿，逢一个安静的月夜，我俩在梦中相见。然后，你陪我我陪你，咱们一起看草原。

2020年1月13日于广州

此生无彩翼

崔卓兰

当今，吉大法学院的一代巾帼，个个锦心绣口、句工文精，身手技艺了得。

平素，运作于事业与育儿、课堂与厨房之间，潇洒自如。

年轻博导田洪鋆老师，尚有本事忙里偷闲，开公众号写美文。一不小心，成为学界网红，轻松圈粉无数。

退役的老水手，爱饱含情愫，凝望昔日从业航船。有时，我浏览学院微信群。

每每，看到一线的奋斗者，学科领域屡屡中标获奖，各项工作频频创佳夺魁，便也荣幸地分享一份喜悦。

女声小合唱，为保留节目，誉名远扬。在群里，常有吸睛的视频。

舞台灯光下，众美女长裙曳地，顾盼生辉。歌喉婉转莺丽，音若银筝轻弹。一曲《鸿雁》出口，似薄雾轻飏，余音袅袅。

熟悉的面庞、熟悉的词曲，牵动我心绪。人生的咖啡，被缓缓搅动，那是甘与苦的交融浓缩。

欣慰英才辈出，感叹流年似水。同时，不免回想起从前的日子、久别的故人。

记忆的隧道，蜿蜒而深长。此刻，我与法学院历史舞台上的两位女老师，隔时空彼此问候，相互轻轻弹去肩头的岁月烟尘……

李舜英老师

记得，刚进校没两天，有位女老师，趁课间来到教室。她五十开外年纪，中等个头，短发、微胖。白皙的脸上，一双眼睛又大又亮。

开门见山，她讲："前两天，已给同学们发了食堂餐券。但按规定，本月在原单位最后领取了工资的，须缴给学校十五元五角伙食费。要从下个月起，才可享受免费发放待遇。"

"无法去了解每人的具体情况啦，由你们自己报名吧。"她又补充。

听罢，不少人举手，我也是其中之一。她微微点头，一一记名，赞许的表情流露脸上。

几个月一晃过去。一次，与她在走廊偶遇。没等我恭敬地唤声老师，她先点头并叫出我名字，这让我错愕。

本人长相六十分人马，性情又属黄花鱼的好溜边，要在芸芸学生群，记住这样一个人，恐怕比忘掉更难。想必，与我那次"自投罗网"，掏钱买饭票有关。

1973年秋，重新打鼓开张的吉大法律系，情形是粮草未动、兵马先行。

不少学术精英、行政骨干，尚流落他乡别行。教工队伍中，多人将教学与行政、行政与党务，或不同行政岗位的担子一肩挑。

李师在办公室上班。那里，开门早关门晚，中午不时还接待来访。而她，是全天候的守门人。

十几平的西向房，角落置一细高支架，放毛巾置脸盆和肥皂。墙上挂幅镜子，边角有红漆喷字，标明是某次活动的奖品。桌面纤尘不染，座机黑亮。地上水泥涂层，草刺皆无。这些让空荡简陋的室内，平添几分温馨。

李师主要负责教务一摊。在以一笔好字，为各年级编排、书写并张贴课表的同时，还兼对接各班的生活委员，负责学生日常吃喝起居等事项的安排。没设辅导员建制，故遇哪个生病、住院，她也赶来关注并协调。

渐渐，她成为学生心中的"大内总管"。这理解与职务地位无涉。多半，是见她整日被大事小情缠绕。而且，似乎也对之乐此不疲。

工农兵学员，有拖家带口一把年纪的，有浪迹江湖散漫习惯的，再度

"背上书包上学堂"，与狭小局促的课桌板凳磨合，难免有个脱缰离轨之处。诸如，翘次课、擅自回趟家、交作业不按时之类。

监督学生的遵章守纪，恰属李师管理范围。将手中权力充分用足，趁风使尽帆，显然非她"长项"。

学生出了问题，若自"报告"渠道得知，她并不拒绝听取"被告"辩白。

因"主审"听得耐心仔细，乃至不知不觉面露同情，总让当事人的陈述，变得格外生动。

逮着"现行"时，作为"执法"人员，她眼角眉梢的慈祥，总藏掖不严而泄，与口中的责备言词，南辕北辙相去甚远。

这一破绽，常瞒不过挨批者。故认错之余，有人暗自发愿：若有下次，最好还犯在这"好好妈妈"手里。

也有时，个别学生顶嘴，气得她脸色微变，声称要向上反映。

领导与她对门办公，可"上报"过程，却山重水复般冗长。最终，几乎没人等来系书记或主任约谈。

过后，总是李师自我撤火，自行"消磁"了事。

多数的在校生，若途遇教师，多数谨慎问声好，旋即脚底抹油。以此距离，学生表现恭敬，教师保持权威。

李师不同，她爱与同路的学生，三三五五地并肩前行，边走边聊。这种时候，偶尔我也在场。

尽管，本人属其中沉默寡言的那个，但也从此慢慢悉知，李师不喜欢学生怕她。

毕业之前，又碰见李师，不等她看见，我破例主动迎上前，把即将留校的消息告诉她。

有这举动，是因心下庆幸，与这位菩萨般的好人，今后能一起共事了。

李师答已经知晓。她说："系里要先了解留校人情况，我问过你的同寝。她们说，你日常生活大大咧咧。虽看了不少杂书，为人处事也没见有什么心眼。"

这话属实，不擅用理论指导实践，确系我弱项。

又想到，室友的评价，虽说不算高，可也不算低了，我不禁莞尔。李师随之也笑了，拍拍我肩。我与她的距离，一下子拉近。

留校之初，诸事懵懂。李师、刘兴华师等办公室"老字辈"，不舍我等一干昔日徒儿，在师长林立的环境中，感到忐忑茫然，总给予多些的关照和方便。

偶尔，一脚踏错，也悄悄提醒。遇难事不好向系领导、室主任开口，李师也主动"出使"。

1981年，我即将成家，李师将我叫到一旁，从衣兜掏出一张折迭整齐的十元钱递给我。

彼时，那算一笔"巨款"了，单位给个人困难补助，标准也就二十元。

见我推辞，她说："拿着吧，不止给你，对你们几个小年轻，我都不偏不向。"

这方面我确有耳闻。多年来，系里谁婚丧嫁娶，她总爱慷慨解囊。其实，她家境也不很优渥。科级月薪，大概七十元左右。自打认识，就见她整个冬天，只一袭灰色暗格的确良对襟外罩，以至旁人据此，可自远处辨认她。

人缘极佳的她，也有人所共知的"缺点"。那就是，经常把丈夫和两儿子的姓名挂在嘴边。

一句"老胡、少君、晓明"，为不拆分的固定组合。与人闲聊时，无例外以此启头。随后，自又有温馨的下文。

对这种革命时代的"不合时宜"，曾有同事半开玩笑予以"叫停"。只是，在一向随和的她身上收效甚微。天长日久，周围人也见惯不怪了。

我所认识的教工中，她大概是首位退休的。离职之际，很多人依依不舍。

一次，在她居住的桂林胡同附近，我俩不期而遇。

拉住我的手，李师关切地问长问短。轮到我询问时，只见她眉飞色舞满脸幸福，开场白，果然又是："老胡、少君、晓明……"

那一刻，我忽然觉得，这种把家人相提排列的句式，何尝不是世间最美好最无价的表达？

如今，与李师已几十年未见。记忆里，她的言谈举止，依然清晰。徐徐往事，恍若昨日。

在那人人置身相互的斗争革命，公权给构陷个体充当后盾，"大公无私"口号震天价响的年代，在吉大法律系，有位普通的女老师，她，曾经长年累月，默默无闻地向周边向同事，挥洒人性，播种良善。也曾经，毫不掩饰自己对于家，有多么重视珍爱。

虽然，她没给我讲过课，但做人方面、价值观方面，却是我真心佩服、获益终生的老师。

刘采一老师

高校的教师，工作不坐班。单位里，经常你去他来，文齐武不齐。

早年的法律系，逢新年后寒假前，总有一次难得的集体聚会。

尽管，性质也属"公款消费"，但财力不足，无法去酒店团团围坐，推杯换盏。

通常，找个教室，将课桌靠边，摆放上瓜子花生苹果冻梨和茶水。黑板，画出五颜六色的"欢庆"图样。空中，牵拉缤纷飘舞的彩条。

教工们的自娱自乐，也异彩纷呈。王忠老师、任振铎老师的京剧选段，字正腔圆有板有眼。教坛新人马新彦、车丕照、乔佳平的独唱，也籍此场合，脱颖而出一炮走红。

过后，会场的布置者，不忍立马将新颜换回旧貌。喜庆的气氛，便一直保留到新学期来临。

有一年，系里改弦易辙，把经费分发各教研室，让自行搞活动。

我所在的，是张光博老师任主任的国家法（宪法）教研室。这一"小团体"，彼时人丁不旺。

讲宪法的李吉锡老师，刚刚过世。主任麾下，有刘采一老师、韩国章老师、后调入的孙卫东老师，及加盟不久的我。

同事们便自己采购，由刘师主灶，在刘家吃了顿好饭。忘记了什么原因了，我缺席。

没料，第二天上午，刘师到阅览室，找到常泡那里的我，邀去她家吃中饭。她说："昨天的肉菜还没吃完。"

"这是不想占我人头费吗？"我猜测，但不敢问。

想到没电话彼此联络，她特意跑道前来，我不忍拒绝。况且，我也很想去她家看看。

当学生时，我就闻听她多才多艺，也眼见她端庄秀美。最普通的白衬衫卡其裤，穿在她身上，也熨帖漂亮。

尤其，那份优雅的气质，未佩未戴无形无状，却时刻展现和流动举手投足间，让人欣赏赞叹。

而逢政治学习讨论时，那突出旁人的谨慎缄默，寻常日子里，那眸中隐约的忧郁，又让她被淡淡的迷雾笼罩。

刘师家在文科楼西北角，位一栋四层红楼顶层。窄窄的走廊，仅供当交通要道。厨房，狭小的转身也难。

居室内，家具寥寥，但似有些年头历史。全屋不见七荤八素的装饰摆设，色调极其素净淡雅。

她的大女儿和小儿子，文静礼貌，一看即知好家教。

听到我夸她女儿漂亮，刘师轻笑，悄声告诉我："爱照镜子，每照时我就赶她，说行啦行啦，快去干这正事吧。"

自那次共进午餐，与刘师之间的话题渐增。

她告诉我，自己老家在北京。当年，和划右派的丈夫，双双被发配东北。名校高材生、男方老杨，在一小厂当技术员。她，就职吉大法律系。

来单位后，日子不算好过。曾有一系领导，亲口对她讲："组织上对你，就是控制使用。"

"文革"中，她又被派上"光辉的五七道路"，拖家带口下乡，去"彻底改造世界观"。

1978年开始，国家"落实知识分子政策"，在党员比例低的高校教师中，加快"纳新"步伐。

学科带头人张光博老师，名列居先。但无奈，受阻于"文革"造成的人际关系后遗症。

磊落的张师，找到系党总支，郑重建议："不要因等我，再耽误刘采一老师入党啦。"

不久，刘师的入党仪式举行。参加人不多，支部书记韩师让我发个言。

总不合适对师长说，希望她今后更努力奋斗。急中生智，我拽来流行语："祝贺刘老师获得政治生命。"

没承想，这带来了片刻沉寂。刘师，微微低头眼圈泛红，看得出百感交集。张师，凝视墙壁默然无语。韩师，悄悄的叹了口气。

刘师的当时表态，我还记得。大意是：自己虽一路坎坷，年近五十，才获政治上的生命，但仍感十分欣慰。入了党，工作不会有半点松懈。

二十世纪八十年代，教坛枯木逢春。曾排行"老九"的知识分子，重开始以热血写春秋。

刘师讲法律写作课数年，发现原教案欠"对症"。她主动改进，在其中溶入逻辑学的内容。如此之必要，以我为例即可佐证。

其时，要本人作收集、整理资料之类的活计，尚可应付。一旦动手组文，不是：十八弯九连环，绕来绕去，进不去主题。就是：篇苍苍字茫茫，风吹草低，找不见节与章。

写作欠缺思维严谨与逻辑清晰，对法科生而言，最是硬伤，刘师可谓雪中送炭。

接下，她还准备了外国宪法课，给研究生讲授。

已掌握熟练的俄文，一时不给力，便又参加了日语学习班。

1985夏，因急腹症，刘师住进省医院。主刀的医生，把她亲属叫进手术室，目睹她的肠子，已变得破棉絮一般。

听到这消息，我记起事前不久，曾询问过她，屡犯的肠疾是如何罹患。

她未正面作答。只是调转话题，提到：在农村插队时，与系里李春福老师同生产队。

被派当车把式下手的李师，一次外出归来，饥肠辘辘。等候不及，便吃下一碗凉苞米楂饭。结果，急性胃穿孔，差点丧命。也不知她是否想说，与李师比，自己还算幸运。

药医不显效，刘师的病情，急速转重。

据说，意识模糊之际，她有时右手划向空中，似往黑板上写字。又一次，谵谵呓语："同学们，准备好，下面收试卷。"

刘师大女儿，就读师大的杨璐，危难时刻，显示出惊人的成熟懂事。一边联络医生护理母亲，一边照顾弟妹安置亲友。

数日后，刘师不幸病逝，年仅五十四岁。

她丈夫老杨，一位鬓发早衰的知识分子，向前来探望的系领导，只提出一个要求：可否以副教授的名义，对外发讣告。

告别仪式前，当听到校方未同意的反馈时，他再没说什么，只是点了点头。

其实，假以时日，刘师成为教授博导，乃至学术权威，怎可能存在半点悬念？

然而，她却走了。走在命运拐点到来，人生和事业，终于向她绽开笑脸的时候。

转眼几十年了，程式生活陀螺转速，让人仅应付眼前，已力尽神疲。于今有暇，刘师的点滴，曾给我的帮助，常浮现脑海。

往事与故人，经岁月的沉淀，愈发清澈明晰。

只是，翻遍记忆，细思从前，无论如何，也找不出刘师身着彩衣、开怀畅笑的印象来。

采一老师，若能添加进此装束此表情，您，又该是多么美丽动人、魅力四射啊。

若有来生，您一定别忘了弥补上啊。

2020年5月　于广州

笔耕的背影，慈爱的笑容

——怀念恩师高格教授

闵春雷

作者简介：

闵春雷，女，汉族，1965年生，吉林长春人，吉林大学"匡亚明学者"英才教授，国家社科基金重大项目首席专家。1986年毕业于吉林大学法律系，获法学学士学位；1989年获法学硕士学位，同年留校任教；2001年获法学博士学位。主要研究方向是刑事诉讼法学、证据法学，著有《刑事诉讼证明基本范畴研究》《妨害证据犯罪研究》等专著，在《法学研究》《中外法学》《法商研究》等法学核心刊物上发表论文50余篇。

8月5日是导师高格教授辞世一周年的日子，每每忆起恩师，浮现在眼前的总是他笔耕的背影和慈爱的笑容。

恩师一生治学勤奋、严谨，是刑法学界闻名的"多产作家"，他对刑法学的基本理论问题几乎都做了颇有见地的研究，其中的很多观点对刑事立法与司法实践均产生了重要影响，是全国著名的刑法学家。

笔耕不辍　硕果累累

恩师自1956年留校任教以来，一直刻苦钻研、笔耕不辍。记得每次去老师家，他不是在写文章就是在查阅资料，就是节假日也难得休息；他还紧密关注司法实践，经常去实务部门调研，收集第一手资料。正因如此，他的文章针对性强，课也讲得特别透辟、生动。从教40余年，老师公开发表学术论文100多篇，出版个人专著12部，参加主编4部全国统编教材，其中的两部分别获得国家优秀教材特等奖及国家教委和司法部的优秀教材奖。他的近百万字的《定罪与量刑》（初版为《定罪量刑的理论与实践》）1994年出版，受到了法学界特别是司法实践工作者的普遍肯定与欢迎。这部凝聚了老师主要刑法思想的巨著，同时也凝结着他的血汗。从选题、调研、写作到出版、修订，历经十余载。老师始终缜密思考，精益求精，不知度过了多少个不眠之夜。为了确保著作的质量、减少学生的负担，无论是写作，还是誊写、校对，均是由老师及其家人完成的，连续几年老师都是这样超负荷地工作，过度的劳累也损害了他的健康。1997年新刑法实施后，针对定罪量刑中出现的新问题，老师不顾体弱多病，在已毕业学生的协助下，及时对这部书进行了全面修订，他的努力也得到了回报：由于该书紧紧围绕刑法的基本问题——定罪与量刑展开，而且紧密联系实际，论证细密、观点准确，故受到了理论与实务界的一致好评，对刑事立法工作与司法实践活动发挥了积极的借鉴作用。

诲人不倦　桃李芬芳

恩师不仅是一名闻名遐迩的法学家，更是位深受学生爱戴的导师。从教以来，他培养博士研究生16名，硕士研究生20余名，可谓是桃李满天下。我是1986年起师从老师学习刑法学的，作为他的首届硕士生，老师对我们的要求也很严格：除日常的上课、阅读与讨论外，每学期至少要上交一篇论文和翻译文章。记得1987年老师带我们去烟台参加刑法学年会，会议有半天的自由活动时间，我们几个同学去看海，回来后受到老师委婉的批评。他说："这个时间是向到会专家请教的最好时机，抓紧别人休息的时间去工作才有可能做出成绩。"在整个攻读硕士学位期间，老师在我们的心目中一直是一位严师的形象，直到临近毕业那天，老师请我们到家里吃告别饭，他亲自下厨做了好多菜，席间勉励我们无论在哪个岗位上都要踏踏实实做人、认认真真做事，饭后他将我们送出很远。当我们回首与恩师告别的时候，我清楚地看到老师的眼中满是泪水，回校的路上几位师兄都沉默不语，相信他们与我一样亦在深深地感受着老师慈父般的爱。

1997年后，老师的病情日渐严重，他以常人难以想象的毅力坚持工作，从未放松对博士生的指导。从日常的读书、作业到毕业论文的选题与写作，无不浸透着导师的心血。记不得有多少位师兄的论文提纲是在老师的病榻旁敲定的，也数不清有几百万字的论文初稿是老师在病床上批改的。师母冯绮文女士为此也付出了极大的辛劳，为减轻老师的劳累，很多论文是由她读给老师的。正是由于恩师辛勤、认真的指导，他所带的博士生都及时、顺利地通过了答辩，且其中不乏优秀论文。尽管这样，老师仍是满怀歉疚。一次，我去看望老师，谈及对博士生的指导，老师谈了他的很多想法，谈及那些由于身体原因而没能实现的设想，老师不禁潸然泪下。那次，老师还将他参加国际会议的厚重资料赠予了我，鼓励我无论何时都要安心教学工作，要善于处理教学与科研的关系，在繁重的工作面前要学会"弹钢琴"，抓紧时间，大干快上。

兢兢业业　谦逊豁达

恩师信念坚定、忠于职守、宽厚待人。作为一名老党员，即使是在病情严重时，仍念念不忘按时缴纳党费。一次探望老师在临别时，已经表达困难的老师向我叮嘱着什么，由于无法听清，他更加急切，待到有人猜到是党费时，老师才平静释然下来。作为一名资深教授，他十分关注法学院的事业发展，欣然为资料室赠送宝贵书籍，并为年轻学子的进步深感欣慰。日常生活中，老师乐于助人，无论对自己的门生还是其他同学，总是有问必答、循循善诱。而对于别人的点滴帮助，老师却总是感念于怀，设法回报。每逢新书问世，他总是自购送发给同事和学生。

2020年6月老师病重住院治疗，我从外地赶回看望他时，老师已经失语，只能用握手表明自己的意愿。每次探望老师，我都紧握着他的手，就那样默默地看着他，此时是多想再听他讲话啊！老师的目光平静、坚定，与学生紧握的手传递着恋恋不舍与殷殷期盼。

逝者如斯。老师离去已有一载。书桌上老师的著述还在讲说着他沉稳真灼的学术思想。一如其讲坛上的娓娓而谈、诲人不倦。照片中老师的音容依然向我们真切地展开着微笑，一如其惯有的亲切叮咛和谆谆教导。老师并未离我们远去，老师给我们留下了宝贵的精神财富，他的谦逊豁达、勇于探索、勤勉务实和慈爱宽厚，长存于我们心间，并化作我们继续前行的动力，激励着我们去追寻人生的更高境界。

三城记：新中国民法学家金平教授和王忠教授的四十年情谊

王建玲

作者简介：

王建玲，女，现任吉林大学法学院国际法教研部教师，兼职律师。

三城记

今天是农历2018年的除夕，辞旧迎新之际，应该有些文字留下来，记述曾经。

2018年是一个特别的年份，吉林大学法学院已经走过了70年。从3月至6月，我整理了父亲王忠教授留下的手稿、文章、著作、教案、照片和藏书。开启每一个纸箱都需要巨大的勇气和努力，因为我还没有完全从抑郁中走出来。

右边在整理老照片的过程中，有几张照片里父亲身边的人引起了我的注意。

右边这张照片拍摄于1964年10月，小时候看见过这张照片，印象深刻。不过，却从未想过父亲身边的人是谁。照片中左侧的父亲风华正茂，岁月还没有更深地刻画。我能深刻感受到照片中两个人的愉悦和放松，非有一般的情谊，不会有如此的身体语言。

下面这张照片摄于湖北广播电视塔前，具体年代待考证，应该是20世纪八九十年代的一次学术会议，右一是我的父亲。

这张照片是1987年5月16日最高人民法院、中国政法大学举办的全国《民法通则》理论与实践讨论会全体代表合影的局部图，二排左二是我的父亲。

此外，在若干张不同年代的照片上，我看到了这位老先生。于是，我开始想：他是谁？没过两天，案破了，偶然在互联网上看见了金平教授和余能斌教授的一张合影，岁月已经改变了容颜，二位教授早已白发苍苍，但是我知道这是同一个人。2018年4月19日，我在打听到金平教授的电话号码后，致电给老先生，金平教授在电话里对我说："你爸爸走得太早了。我年纪大了，不能出远门了，有机会过来重庆来看我。"在交谈中，金教授思维的清晰和敏锐给我留下了深刻的印象，我亦深刻感受到了金老和我父亲的一些相似之处，而这些只能意会不能言传。

摄于2018年11月17日
金老先生重庆沙坪坝家中

金平教授，1922年生人，在笔者撰写本文时已经97岁高龄，西南政法大学民商法学科创始人之一，曾参与新中国第一、二、三次民法起草工作，是我国唯一健在的新中国第一次民法起草专家组成员。

2018年11月和12月，我两次飞往重庆去拜望金平教授，在金老的家中我摊开带去的照片，金老无一认错。金老讲述了新中国三次民法起草的艰辛和不易，在20世纪60年代的民法起草工作中，曾与我父亲在后库同住一屋，每晚的夜谈，聊到各自的人生经历、天南海北，他们是共同为中国民法典起草事业奋斗的老战友。金老曾经来过东北几个城市包括长春调研。金老告诉我说：我父亲和起草民法典的同事们相处融洽，与大家无私分享去

各地调研和研究各国民法时获得的信息和资料。团结协作是新中国前辈民法学家的优良传统之一。

家父留下的参与60年代民法立法工作笔记，记录了立法的过程。
上图为部分笔记和1964年民法（试拟稿）

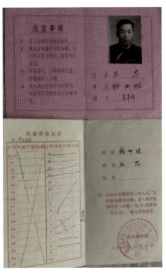

　　1964年我的父亲参加了全国人大三届一次会议和政协四届一次会议的秘书组和校印组的会务工作，家父曾经对我讲过近距离接触党和国家领导人的经历，曾经在周总理的办公室外等待批示和修改发言稿的过程。金老告诉我，当时他担任印刷组的组长，老先生回忆起往事时仿佛一切历历在目。

　　歌乐山云雾缭绕，沙坪坝校区的湿润颇似冬天的北欧。金教授说，我父亲曾经来过他家，这个大门和这条路就是我父亲走过的，金老担心我找不到，特意到楼下小桥头等我，又招呼保姆给我包饺子吃。告别的时候，老先生一直送我到校门口，一再地对我说，经常会想起我的父亲。这父辈间的浓浓情谊深深地震撼了我。

　　在金平教授家中，我看到了上面这张照片的放大版，我问了金教授，为什么我的父亲没有在这张照片里，金老告诉我，拍照的那天，我的父亲出去参加会议，错过了。除了我父亲之外，还有几位同志因为各种原因没

能参加合影。金教授告诉我，龙斯荣老师是我父亲大力推荐参与第三次民法典起草工作的。在新中国民法人的不断努力下，中国的民法建设和完善工作在前进的路上不断发展。

照片的使用已经取得金平教授的同意，感谢。

（本文写于2019年2月4日长春）

人物介绍：

王忠教授（1929-2001年），中共党员，研究方向为民法、经济法。吉林大学法律系民法学学科奠基人，中国经济法学奠基人之一，吉林大学法律系经济法学学科创立人和奠基人。1958年东北人民大学（今吉林大学）法律系毕业后留校任教，1991年3月离休。曾于1962-1964年参加全国人大常委会法制工作委员会民法起草工作，1964年参加全国人大三届一次会议工作和全国政协四届一次会议工作。1979年后参加全国人大常委会法制工作委员会民法起草工作和《民法通则》的起草工作。"文化大革命"期间，在林彪、四人帮砸烂公检法，取消政法教育的浪潮中，王忠先生坚决主张法律系不能取消，立场坚定，从未动摇，1970年到1972年在工宣队领导下负责法律系教育革命工作时，到城乡进行过九次社会调查，写出"政法教育一定要办"等八份材料上报学校和国务院科教组，取得吉林省保卫部门的支持，主持操办落实政法干部短训班和普通班，顶住压力，为吉林大学法律系的保留以及政法教育在当时的历史条件下得以继续开办做出重要贡献。王忠先生为吉林大学法律系民法学科学术带头人和经济法学科的创立人和学术带头人，至离休前一直担任民法教研室主任；"文革"结束后，撰写文章积极倡导民法经济法相关法律制度和法律体系的建立；曾在《法学研究》《吉林大学社会科学学报》《光明日报》等期刊发表论文50多篇，获15项全国和省级奖项，文章曾被《全国高等学校文科学报文摘》和《中国人民大学复印报刊资料》转载；曾主持并负责过国家七五重点项目国家教委高等学校哲学社会科学博士学科点专项科研基金项目、国家社科基金项目等。

民法学家陈国柱先生：
跨越民国与新中国的法学家

戴孟勇

作者简介：

戴孟勇，男，安徽蒙城人，中国政法大学民商经济法学院教授，法学博士。1998年毕业于吉林大学法学院，获民法学硕士学位。2004年至今先后任中国政法大学民商经济法学院讲师、副教授、教授，兼任中国法学会民法学研究会理事、北京市物权法学研究会监事长。主要研究方向是民法总论、物权法、合同法，著有《民法原理与实例研究》等专著，在《清华法学》《法学家》《政治与法律》等法学核心刊物上发表论文30余篇。

陈国柱先生出生于民国初年。在那个战火连绵、政局动荡、外敌入侵的年代，他先后在伪满"司法部法学校"和日本京都帝国大学法学部大学院接受了法学教育，并在旧中国从事法律裁判实务和法律教育工作。

新中国成立初期，陈国柱先生先是在东北人民政府司法部工作，后调任中学语文教员。1955—1964年，陈国柱先生在东北人民大学（1958年更名为吉林大学）法律系任讲师期间，先后开设过《中国民法》《资产阶级民法》《现代汉语语法》三门课程，编写了吉林大学内部教材《中国民法讲义》《资产阶级民法讲义》，并协助时任法律系主任马起教授整理、撰写过多部（篇）婚姻法和损害赔偿法方面的著作。受当时政治形势的影响，这些著作中仅有《中华

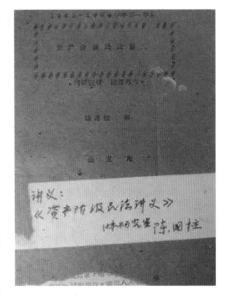

人民共和国婚姻法概论》一文（载《东北人民大学人文科学学报》1956年第2、3期，马起著述、银河整理）标明了"银河整理"，其中"银河"系陈国柱先生的笔名。

1964—1981年，陈国柱先生在吉林大学经济系研究室、吉林大学日本研究室（所）工作期间，参与翻译了满铁档案资料等日文文献。

改革开放后，陈国柱先生于1981年12月从吉林大学日本研究所调回法律系任教，并在1982年初取得指导民法学硕士研究生的资格，培养了吉林大学法律系首届民法学硕士研究生，吉林人学由此成为当时我国最早招收民法学硕士研究生的高校之一。在重返吉林大学法律系工作后不到六年的时间里（1981年12月—1987年4月），他先后培养了1981级至1984级共四届、十四名民法学硕士研究生，其中大多数学生后来对中国法学教育界和法律实务界产生了重要影响，包括王学政（原国家工商行政管理总局法规司司长，1982年3月—1985年1月在读）、崔建远（清华大学法学院教授，清华大学首批文科资深教授，1982年3月—1985年1月在读）、赵晓光（国务院原法制办公室工交商事法制司司长、原国家邮政局副局长，1982年3月—1985年1月在读）、孙佑海（天津大学法学院院长、教授，1982年9月—1985年7月在读）、申政武（山东大学法学院教授，1982年9月—1985年7月在读）、马新彦（吉林大学法学院教授，1982年9月—1985年7月在读）、张瑞萍（北京交通大学法学

院教授，1982年9月—1985年7月在读）、王建平（四川大学法学院教授，1983年9月—1986年7月在读）、周林彬（中山大学法学院教授，1983年9月—1986年7月在读）、刘俊臣（全国人大常委会法制工作委员会副主任，1983年9月—1986年7月在读）、崔士威（曾在吉林大学法学院任教，1983年9月—1986年7月在读）、刘贵祥（最高人民法院审判委员会副部级专职委员，1984年9月—1987年7月在读）、孙恒山（原吉林省纪委常委、政策法规室主任，原吉林省委防范和处理邪教问题领导小组办公室主任，1984年9月—1987年7月在读）、周岩（原北京市中伦律师事务所合伙人，1984年9月—1987年7月在读）。

前排（坐者）左起：崔建远、陈国柱、王学政、赵晓光

中排左起：张瑞萍、马新彦

后排左起：王建平、刘贵祥、孙恒山、刘俊臣、周岩、崔士威、周林彬、孙佑海、申政武

前排（坐者）：陈国柱

后排左起：张瑞萍、马新彦、申政武、孙佑海

　　在为研究生授课期间，陈国柱先生能够熟练地运用日文、英文、德文三种外语阅读法学文献，准备课程讲义。他利用丰富的日文民法文献和英文契约法文献，在国内高校法律院系中较早地为民法学硕士研究生开设了《比较法概论》《外国民法》《英美契约法》三门课程，率先为中国的民法学硕士研究生教育树立了比较法的视野，并将大陆法和英美法作为比较的框架和素材。其中，《比较法概论》的讲稿是以日本学者大木雅夫翻译的德国学者茨威格特、克茨的《比较法总论》为基础编写的；《外国民法》的讲稿是以日本学者我妻荣的民法学教科书为基础，兼采当时日本的最新研究成果编写的，担保物权部分更多地参考了日本学者高木多喜男的著作；《英美契约法》的讲稿则较为重视介绍美国的《合同法重述》。这种重视比较法教育的做法，不仅在当时国内的民法学硕士研究生教育中是首屈一指的，就是现在看来也是非常富有远见的。

陈国柱先生的备课笔记

陈国柱先生的备课笔记

陈国柱先生十分热爱教学工作。自从1987年离休后，他每年都受邀为吉林大学法学院的民法学硕士研究生讲授《外国民法》或者《英美契约法》课程。直到去世前一年的1996年春季学期，他不顾自己已有82岁高龄，仍然坚持为1995级民法学和商法学的硕士研究生讲授了《外国民法》课程。

　　陈国柱先生重返吉林大学法律系工作后，先后承担了国家社科"六五"规划项目"中国合同制度研究"（1983年），主编了《民法学》一书（吉林大学出版社1984年9月初版、1987年5月二版），出版了译著《日本民法典》（吉林大学出版社1993年1月版、38.9万字），完成了《意大利民法典》的翻译工作（中国人民大学出版社2010年2月版、57.2万字、根据日译本翻译），并发表了《论协议解除》（载《当代法学》1989年第2期）、《关于经济合

同解除的探讨》（载《吉林大学社会科学学报》1989年第4期）等论文，此外还与他人合作翻译了日本伊藤武雄所著的《生活在满铁》一书（陈国柱、戚亚民译，载《长春文史资料》第3—5期）。

陈国柱先生政治上一直积极追求进步。早在伪满"新京法政大学"任教期间，他就暗中为当时在伪满"建国大学"从事地下抗日活动的一位妻侄提供生活费，直到这位妻侄因抗日活动被日本人发现而投奔延安为止。在1948年的长春战役期间，他所在的"国立长春大学"中跟国民党走的人都去了沈阳，他则坚决追随共产党投奔了解放区，参加革命。新中国成立后的一段时期内，陈国柱先生虽然政治上受打击，但始终坚信和拥护中国共产党的领导。在改革开放后重返吉林大学法律系工作期间，他虽已年近七十，依然积极申请入党。1985年，陈国柱先生与他指导的硕士研究生周林彬、刘俊臣同时向党旗宣誓，光荣加入中国共产党，实现了他一生的夙愿和追求！

陈国柱先生虽然一生历经坎坷，却淡泊名利，治学严谨，心系学术工作。从以下三件事情中可以窥知一二：

其一，在给吉林大学法律系1981级至1984级民法学硕士研究生讲授《外国民法》和《英美契约法》课程期间，陈国柱先生积累的讲稿体系完整、信息量大，反映了日本民法和英美契约法的最新发展，经过整理后完全可以出版。当时国内极度缺乏这类题材的著作，出版社也很愿意出版此类稿件。陈国柱先生指导的1981级和1982级硕士研究生多次提出帮助他整理出版《外国民法》和《英美契约法》两部著作，都被他以外国民法的内容尚需补充德国、法国、瑞士等国的文献，研究生们应当努力学习、不要为此浪费时间等理由，婉言谢绝。

其二，在翻译《日本民法典》时，陈国柱先生考虑到日本民法的制定与法国、德国、瑞士等国的民法都有密切关系，为研究日本民法学者的使用便利，专门在《日本民法典》各条译文之后，附加了《法国民法典》《德国民法典》《瑞士民法典》和《瑞士债务法》的相关条文，以供研究者参照与比较。这是当时国内出版的各种外国法典汉译本中第一部标注比较法条文的译本，充分体现了他对待学术的热诚严谨和良苦用心。另外，为便于研究日本民法的学者能够更好地理解和研究日本民法的全貌，他还翻译了26部比较重要的日本民法的单行法及特别法，一并收入《日本民法典》一书中出版。

其三，在翻译完《日本民法典》之后，陈国柱先生考虑到，在世界上比较有影响的大陆法系国家的民法典中，法国、德国、瑞士、日本的民法典均已有了中译本，唯独《意大利民法典》还没有中译本，这对中国的民法教学和研究来说是一个巨大缺憾。于是，他不顾将近80岁的高龄，克服视力困难、身患疾病的重重障碍，根据日本学者风间鹤寿的日译本《意大利民法典》（1983年追补版），字斟句酌地将其翻译成中文。可惜未等到该书正式出版，他就与世长辞！

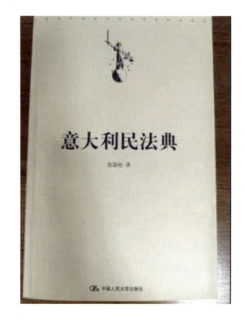

陈国柱先生在改革开放后提出的主要学术观点包括:

1. 在民事法律行为理论方面,陈国柱先生做了许多拨乱反正的工作,提出了不少如今看来已经是通说甚至是常识的观点。

(1)在意思表示与民事法律行为的关系上,陈国柱先生认为,以意思表示为要素,是民事法律行为最重要的特征。然而,意思表示也只是民事法律行为的要素,它本身并不就是民事法律行为。民事法律行为是指赋予法律效果所必需的法律事实的全体,而意思表示不过是组成民事法律行为的一个事实。即使在只由一个意思表示而成立民事法律行为的情况下,如放弃继承、免除债务,民事法律行为和意思表示也不应混淆,此时民事法律行为仍然应当理解为发生法律效果的法律事实全体,而意思表示应当理解为构成民事法律行为的组成部分。

(2)在民事法律行为的法律效果上,陈国柱先生认为,民事法律行为不但以意思表示为要素,而且还按照意思表示赋予法律上效果。所谓按照意思表示赋予法律效果,乃是按照当事人所表示出来的意思赋予法律效果,而不是按照当事人内心的效果意思赋予法律效果。由民事法律行为所发生的法律效果,虽然在大多数场合是与当事人的意思相一致的,但并不是完全一致。因为法律效果的发生,不是根据当事人内心的意思,而是根据当事人所表示的意思,对所表示的意思内容给予评价。由于当事人不可能对一切意思表示的结果都具有正确观念,也不可能以意思表示包括民事法律行为全部发生的效果,因此民事法律行为所赋予的效果,就未必都是意思表示人所希望的:有些法律效果的发生是出乎意思表示人希望之外的;有些法律效果的发生是意思表示人所不希望的;也有的是意思表示人所希望发生的效果只发生一部分,而其余部分没有发生;更有法律所赋予的效果完全与意思表示人的内心意思相反。

(3)在民事法律行为与民事行为的关系上,陈国柱先生认为,民事法律行为是民事行为的下位概念,民事行为包括民事法律行为、无效的民事行为和可撤销的民事行为,民事法律行为只是民事行为的一种。

(4)关于民事行为能力与处分能力的问题,陈国柱先生认为,民事行为能力是行为人有效地为民事法律行为的能力。民事法律行为的有效要件除了要求当事人有相应的民事行为能力外,在当事人以民事法律行为处分某种权利场合，对此权利还必须有处分能力。在一般情况下，当事人对自己的权利当然有处分能力；在个别情况下，当事人对于他人的权利也可以有处分能力。例如，抵押权人于债务人不履行债务时，有权将抵押物拍卖。对特定财产没有处分能力的人所为的处分行为无效。

（5）关于重大误解问题，陈国柱先生认为，民事行为的误解有动机的误解和内容的误解两大类。所谓动机的误解，是意思表示由来的误解。动机不是构成意思表示的因素，是存在于意思表示外部的事实。动机的误解原则上不影响民事行为的效果，但如果动机已经被列为民事行为的内容，并且成为民事行为的必要条件时，动机的误解也可以成为撤销民事行为的原因。所谓内容的误解，是意思表示人的真实意思与其所为的意思表示不一致，就其表示所赋予的法律效果，与其内心所要达到的效果互相抵触的情况。

（6）关于附条件、附期限法律行为中的期待权问题，陈国柱先生认为，在附条件民事法律行为中，条件成就与否未确定之前，当事人应享有期待权。这种期待权是指当事人因停止条件成就即取得民事权利的可能性，或者因解除条件成就以恢复权利的可能性。在附期限民事法律行为中，期限届至前，当事人虽未取得民事权利（附始期场合）或回复权利（附终期场合），但总有一种取得或回复权利的希望，也即享有期待权。期待权受法律保护，侵害期待权要承担民事责任。

2. 在代理理论方面，陈国柱先生提出的不少观点具有正本清源的作用，与后来的民法通说和代理立法近乎一致。

（1）关于代理权的法律性质，陈国柱先生认为，代理权是代理人以被代理人名义为意思表示或接受意思表示，并使其效果直接归属于被代理人的一种权限。代理权不是固有意义上的权利，不过是法律上的一种地位或资格，因为代理权并不是为代理人利益而存在的，同时在消极代理场合，代理人只是接受意思表示，不待行使任何权利就对被代理人发生效力。

（2）关于代理行为的瑕疵，陈国柱先生认为，代理是由代理人以被代理人的名义，向第三人为意思表示或者从第三人接受意思表示，并不是被代理人为民事法律行为。在评定代理人行为的效力时，应当注意代理人的意思有无缺陷，而不是考虑被代理人的意思有无缺陷。如欺诈、胁迫、善意、恶意等问题，都要就代理人本身来确定。

（3）关于无权代理行为的效力，陈国柱先生认为，无权代理行为在被代理人追认前，其效力处于有效无效不确定状态。为了保护对方的利益和使法律关系迅速确定，理论上应当承认给相对人以催告权和撤销权，但相对人在订立合同时明知代理人没有代理权时，不得主张撤销。在被代理人不予追认的场合，无权代理人对于相对人因相信合同有效所受的一切损害应负赔偿责任，赔偿范围不仅限于积极损害，也包括消极损害。

3. 关于诉讼时效完成的法律效果，陈国柱先生结合当时的立法情况，对诉权消灭学说提出了独特的见解。他认为，诉讼时效的要件具备时，发生诉权消灭效果。所谓诉权消灭，并不是起诉权消灭，而是指权利人通过审判程序实现民事财产权的可能性消灭。这种消灭的性质，不仅是诉讼法上的裁判请求权消灭，也是实体法上的权利请求权消灭。时效期间届满后，实体上权利的请求权虽然消灭，但实体上权利本身依然存在。例如，债权的请求权虽然消灭，但是债权本身并未消灭。

另外，对于因提起诉讼导致诉讼时效中断的问题，陈国柱先生认为，给付之诉、确认之诉、形成之诉、反诉，都发生时效中断的效力。不过，权利人提起诉讼之后旋又撤回，或者虽然提起诉讼但因为无理由而被驳回，则不发生中断的效力。因为作为诉讼时效中断事由的提起诉讼，仅有权利人主张其权利还不够，还必须有人民法院承认其权利的存在。

4. 关于合同的协议解除问题，陈国柱先生认为，协议的解除是一个解除合同，不以解除权的存在为必要。协议解除是以一个新的合同解除一个旧的合同，是一个解除合同或曰反对合同，即以新的合同的效力去消灭旧的合同的效力。协议解除是否有溯及力，原则上应依双方当事人的意思表示。协议解除具有溯及力时，原合同如同自始未成立，基于原合同发生的债权债务关系全部溯及地消灭，必然发生恢复原状的效果。在合同已经部分或全部履行时，协议解除具有溯及力，使当事人已经进行的履行失去法律根据，受领人负有返还给付物的义务，即恢复原状的义务，通过返还给付物使原状得到恢复。恢复原状义务在效力及范围上有自己的特殊性，给付人请求受领人返还给付物的权利，是所有权（经营权）返还请求权，它优先于普通债权得到满足。恢复原状义务的范围，是以给付人的损害或财产状况为标准，或者是以受领人受领时的利益为返还标准，至于其后是否剩有利益，则在所不问。这是恢复原状义务与不当得利返还义务的主要差别。

5. 《中华人民共和国经济合同法》第27条第1款第5项、《中华人民共和国技术合同法》第24条规定，当事人一方违约使合同履行成为不必要，是解除的条件。陈国柱先生认为，此所谓履行成为不必要，是指合同履行不能达到债权人所期望的目的，也就是不能达到合同的目的。履行成为不必要在具体的违约类型中如何认定？（1）在逾期履行时的认定。根据合同的性质和当事人的意思表示，履行期在合同内容上不特别重要时，即使债务人在履行期限届满后履行，也不至于成为不必要。但债务人在已经推迟的合理期限内仍未履行，则可视为履行成为不必要，债权人有权主张解除合同。根据合同性质和当事人的意思表示，履行期在合同的内容上特别重要的，学说称这种合同为定期行为。在这种合同中，债务人不在履行期内履行，合同的目的即不能达到，也就是履行成为不必要，债权人有权主张解除合同。（2）在不完全履行时的认定。不完全履行定期行为，如果在履行期届满仍未将缺陷消除或另行给付，即视为履行成为不必要。不完全履行非定期行为，如果在已经延长的合理期限内仍未将缺陷消除或另行给付，即视为履行成为不必要；如果消除缺陷或另行给付超过履行期时，还可直接适用逾期履行的规则。（3）在拒绝履行时的认定。拒绝履行导致逾期履行时，应按逾期履行的规则处理。但在非计划合同被拒绝履行时，如果能证明债务人肯定不履行合同，可直接视为履行成为不必要。（4）在受领迟延时的认定。债权人受领迟延，如果标的物的性质决定必须及时处理，视为履行成为不必要。

6. 关于合同解除与损害赔偿的关系，《中华人民共和国经济合同法》第27条第2款规定，因变更或解除经济合同使一方遭受损失的，除依法可以免除责任的外，应由责任方负责赔偿。《中华人民共和国民法通则》第115条规定，合同的变更或解除，不影响当事人要求赔偿损失的权利。陈国柱先生认为，这种规定与西德民法的规定截然相反，与瑞士债务法的观点在实质上也不相同；另外与法国民法也不一样，因为法国民法只限于赔偿债务不履行所生的损害，我国法律则没有这种限制。在合同解除时，无责任的当事人所遭受的一切损害都可以请求赔偿，具体来说：（1）在解除有溯及力时，可以请求赔偿下列各项损害。包括在合同解除前，因债务不履行而生的损害；因返还义务人不履行返还义务所生的损害，如受领人不返还受领物或将受领物毁损灭失时所产生的损害；因合同解除而发生的损害，如因相信合同关系正常存在，为准备履行而付出的一定费用；由于其他原因而发生的损害，如没有及时通知对方解除合同而给对方造成的损害，或者退货所支付的运费、包装费等。（2）在解除向将来发生效力时，可以请求赔偿下列各项损害。包括因债务不履行而发生的损害；因合同解除而发生的损害，因其他原因发生的损害。

7. 关于民法中的损害赔偿责任，陈国柱先生认为，要分析损害赔偿是基于侵权行为还是基于违约行为等不同原因产生的。在无因管理中，本人对于管理人在实施管理行为时的损害所承担的赔偿责任，完全不同于违约损害赔偿和侵权损害赔偿，因为本人在其中没有任何过失，管理人所受损害也不是本人的行为造成的。这种观点已经蕴含了请求权基础思维。

最后，附上陈国柱先生生平：

1914年10月15日出生于辽宁省辽阳县。

1932年2月—1934年10月，就读于辽阳县立高级中学。

1934年10月—1937年6月，就读于伪满"司法部法学校"法律系第一期甲班（三年制）。

1937年7月—1938年7月，被伪满司法部派为"学习法官"，在伪满新京地方法院学习实务，通过"高等官合格考试"。

1938年8月—1940年2月，任伪满新京地方法院审判官，在职期间在伪满"新京法政大学"（1939年在伪满"司法部法学校"的基础上成立）兼任讲师。

1940年3月—1943年2月，任伪满"新京法政大学"副教授。在职期间，1940年4月—1942年1月，赴日本京都帝国大学法学部大学院留学，师从石田文次郎教授，专研民法学。归国后在伪满"新京法政大学"讲授民法、法学通论等课程。

1943年3月—1944年8月，任伪满"新京法政大学"教授。

1944年9月—1945年1月，任伪满新京高等法院审判官。

1945年2月—1945年8月，任伪满新京地方法院庭长。

1946年10月—1947年2月，被吉林高等法院派暂代永吉地方法院检察官。

1947年2月—1948年8月，任"国立长春大学"（1946年10月国民政府在接收的伪满"新京法政大学"等高校的基础上成立）法学院法律学系副教授，讲授犯罪学、土地法、中国法制史、亲属法、继承法、破产法等课程。

1948年8月，投奔解放区，参加革命，任吉林东北大学副教授，至1948年末离职。

1949年1月—1950年12月，在东北行政委员会（1949年8月成立东北人民政府）司法部工作，1949年10月后兼任最高人民法院东北分院审判员。

1950年被评为东北人民政府一级模范工作者。

1951年1月—1952年10月，任东北人民政府司法部司法行政科科长。

1952年11月—1955年7月，因司法改革运动，调至沈阳四中任中学语文教员。

1955年8月—1964年10月，任东北人民大学（1958年8月更名为吉林大学）法律系讲师、民法教研室副主任。

1956年5月，加入中国民主同盟。

1956年，协助时任东北人民大学法律系主任马起教授，整理《中华人民共和国婚姻法概论》一文，发表于《东北人民大学人文科学学报》1956年第2、3期（署名"马起著述、银河整理"）。

1963年8月，编写吉林大学内部教材《中国民法讲义》《资产阶级民法讲义》。

1964年10月，因法律院系清理"旧法"人员，转入吉林大学经济系研究室，从事翻译工作。

1970年1月—1973年4月，下放到吉林省长岭县腰坨子公社插队。

1973年4月—1981年12月，调回吉林大学日本研究室（1979年升级为日本研究所）工作，编译满铁资料。

1973年9月，与他人合作翻译的《关于千岛库页岛交换条约》（信夫清三郎著，方文、国柱、奔参摘译，沉浮校）和《有关日本"北方领土"问题的国际条约和宣言摘录》（风云、山日、国柱、沉浮、奔参编译），发表于《日本问题研究参考资料》第六期。

1978年12月，在吉林大学日本研究室晋升为副教授。

1981年12月，从吉林大学日本研究所调回法律系任副教授。

1983年承担国家社科"六五"规划项目"中国合同制度研究"。

1983年8月—1984年4月，与他人合作翻译的《生活在满铁》一书（伊藤武雄著，陈国柱、戚亚民译），发表于《长春文史资料》第3—5期。

1984年9月，主编的《民法学》一书由吉林大学出版社出版。

1985年5月，加入中国共产党。

1986年12月，晋升为教授。

1987年4月，从吉林大学法律系离休。

1987年5月，主编的《民法学》第二版由吉林大学出版社出版。

1989年，论文《论协议解除》发表于《当代法学》1989年第2期，《关于经济合同解除的探讨》发表于《吉林大学社会科学学报》1989年第4期。

1992年，与他人合著的论文《关于完善经济合同解除制度的思考》（崔建远、陈国柱合著）发表于中国法学会民法学经济法学研究会编《企业·证券·合同》（人民法院出版社1992年11月版）。

1993年1月，译著《日本民法典》由吉林大学出版社出版。

1997年6月23日逝世。

2010年2月，其生前译著的《意大利民法典》由中国人民大学出版社出版。

2011年11月，其生前参与编译的、苏崇民主编的《满铁档案资料汇编》第一卷（编译者刘建伟、徐光达、陈国柱、陈宏力），第二卷（编译者吴知、陈国柱、刘建伟、徐光达、德恒让、吕敬勋），第五、六卷（编译者任文侠、穆忠魂、刘建伟、徐光达、陈国柱、初庆之、李成宰），第九、十卷（编译者池元吉、孙亚轩、苏建新、刘建伟、陈国柱、吕永清、李成宰），由社会科学文献出版社出版。

以上内容由中国政法大学民商经济法学院戴孟勇教授根据下列资料整理。1. 崔建远：《先生之风 山高水长》，载崔建远主编：《民法九人行》第3卷，法律出版社2006年版；2. 孙佑海：《永远怀念敬爱的陈国柱先生》，载陈国柱译：《意大利民法典》，中国人民大学出版社2010年版；3. 姜朋：《须有清风属后来：吉林大学法学院史稿1948—1998》，法律出版社2018年版；4. 陈国柱主编：《民法学》，吉林大学出版社1987年二版；5. 陈国柱译：《日本民法典》，吉林大学出版社1993年版；6. 陈国柱：《论协议解除》，载《当代法学》1989年第2期；7. 陈国柱：《关于经济合同解除的探讨》，载《吉林大学社会科学学报》1989年第4期。

感谢清华大学法学院崔建远教授、山东大学法学院申政武教授、吉林大学法学院马新彦教授、中山大学法学院周林彬教授、吉林大学法学院蔡立东教授、清华大学经济管理学院姜朋副教授、西北政法大学民商法学院陈凌云副教授提供照片、资料并核实相关信息！

人物介绍：

陈国柱（1914年10月15日—1997年6月23日），男，汉族，辽宁省辽阳县人，中国共产党党员。长春解放前曾任伪满"新京法政大学"副教授、教授，"国立长春大学"法学院副教授。新中国成立后，先后任东北人民大学（现吉林大学）讲师，吉林大学讲师、副教授、教授，1987年4月离休。

我的入党故事

刘楠来

作者简介：

刘楠来，男，汉族，1933年5月生，江苏丹阳人，中国社会科学院荣誉学部委员、国际法研究所研究员、教授、博士生导师，中国社会科学院海洋法与海洋事务研究中心学术委员会主席。1955年毕业于东北人民大学（现吉林大学）法律系，1956年留学莫斯科大学法律系攻读国家和法的历史研究生，1961年获法学副博士学位，同年回国进入中国科学院哲学社会科学部（现中国社会科学院）法学研究所工作。曾任中国社会科学院人权研究中心副主任、法学所国际法研究室主任、图书馆馆长。1992年享受国务院特殊津贴。2009年受中国政府指派，担任院址设在荷兰海牙的常设仲裁法院的仲裁员，2015年连任。

我是一名1955年被接受为预备党员，次年按期转正的中国共产党党员。回顾加入党的组织以后的全部经历，我可以无愧地说，我始终是一个忠诚党的宗旨和事业，严守党的纪律，积极上进，严于律己，密切联系群众的合格党员。

1949年4月，家乡迎来了解放。街坊间、校园里，"解放区的天是明朗的天""没有共产党就没有新中国"的歌声迅速地荡涤着国民党对于共产党的攻击宣传；衣履褴褛，到处流浪滋事的国民党散兵游勇与着装整齐、纪律严明的解放军战士之间的鲜明对比，突出地反映出新旧世界两重天的区别，在我们年轻的中学生中很快就形成了共产党比国民党好的认识。一九五一年夏高中毕业，我奔向了远在东北长春市的东北人民大学（今吉林大学），这是一所从老解放区东北行政学院改制过来的新型大学，共产党的领导很强。入校不久，我就在这里接受了马克思主义、中国共产党党史的教育，开始萌生了应为共产主义事业奋斗终身的理想。特别是方志敏、赵一曼等革命先烈，为实现共产主义信念、民族解放而英勇献身的事迹，震撼了我，想象着做人就要做他们这样的人。在学校的头几年里，我已经有了加入中国共产党的想法，但考虑到自己只是一个幼稚的学生，没有经受过考验，各方面的条件很差，所以一直没有递交入党申请书，而只是在默默地为此创造条件。我想作为一个学生，首要任务是搞好学习，在思想和知识上很好地武装自己。我很重视辩证唯物主义和历史唯物主义、政治经济学、科学社会主义等理论课程的学习，今天我对马克思主义的理解和认识，应当说是在那个时代打下的基础。对于其他文化课、专业课的学习，我也都很认真。功夫不负有心人，我的学习成绩在班上总是名列前茅。在党课学习中，我知道了全心全意为人民服务是中国共产党的宗旨。为了向党员学习，培养自己为人民服务的信念，我很注意参加班上的清洁卫生、体育锻炼方面的工作；同学们生活上有什么需要，我也乐于伸出手帮助；大家看我社会工作积极、同学关系好，先后选我当了生活小组长和生活副班长。我是南方人，来校时身体比较瘦弱，从长征故事中了解到了当年红军艰难跋涉二万五千里的事迹，深感健康体魄是一个革命者的重要条件，我积极参加学校组织开展的劳卫制体育训练。经过奋斗，我终于通过了劳卫制各项标准的测验，我的健康水平也有了很大提高，身体从入学时的1.66米长到了1.7米，班上座位也从第一排换到了最后一排。

大概是鉴于我各方面的表现还不错，认为有培养前途，大学四年级开始后，学校领导通知我准备参加留学苏联的选拔考试，与此同时党组织也开始考虑我的入党问题。不久，我们班的党支部组织委员、平时很要好的同学鲁真荣同志找到我谈心，问我有没有加入中国共产党的想法。我坦诚地说，早就有这个想法，但总是觉得自己条件不够，正为此而努力呢！过了几天，她又找到我说，支部的同志都认为，你已经基本具备共产党员的条件了，是不是要考虑申请入党啊？她还表示，她自己愿意做我的入党介绍人。我当时喜不自禁是不言而喻的。回到宿舍，立即摊开纸笔，疾书入党申请书，倾诉我早已蕴藏心中的对党的认识和渴望加入党组织的心愿。呈交入党申请书后，在我日盼夜盼的焦虑中，支部终于召开了关于讨论我的入党问题的支部大会。我怀着激动的心情，把我在入党申请书中写的内容扼要重述了一遍，表示希望党员同志们多多给予批评帮助。我的发言受到了热烈欢迎，与会党员同志们对我的入党认识予以肯定，赞扬了我各方面的表现，同时也对我今后的努力方向提出了希望。最终，与会党员同志举手一致通过了我的入党申请。在一个春暖花开的日子，鲁真荣同志把我叫到大操场的一角，庄严地对我说，校党委已经批准了你的入党申请，你现在已经是一名中国共产党预备党员了，预备期一年。

　　1955年7月，我从东北人民大学（今吉林大学）毕业。9月，我来到了北京，在北京俄语学院留苏预备部学习俄语，做留苏学习的各方面准备。时间如白驹过隙，很快又到了北京的春暖花开时节，党支部召开了我的转正大会。到会的党员来自祖国四面八方，短短的几个月时间，彼此接触不多，很难说相知很深，但同样的初心把我们紧密地联系在一起，即将出国学习的激动心情又进一步拉近了相互的距离，转正会以全票和热烈的鼓掌通过了我的转正申请。嗣后，留苏预备部党委一位负责同志，在党委办公室的毛主席像下通知我说，你的转正申请经党委讨论已获得批准。从现在起，你就是中国共产党正式党员了。

我入党已过了65个春秋。聊以自慰的是，我始终未忘初心，无论在学习和工作岗位上，都牢记自己是一名中国共产党员，努力以一个共产党员的标准来要求自己。入党后，我接受的第一个重要任务是完成苏联莫斯科大学攻读国家和法的专业研究生学业。四年时间内，我克服了语言、资料等各方面的困难和病痛的干扰，比较顺利地通过了论文答辩，拿到了苏联法学副博士学位。1961年春回国后，我被分配到中科院哲学社会科学部法学研究所从事研究工作。按照国家的需要和组织上的安排，先后开展了法制史和国际法研究，特别是国际海洋法和国际人权法的研究，在理论探索方面提出了一些见解，并出谋划策解决了我们面临的一些实际问题，得到了学界和政府有关部门的承认。中国社会科学院授予我荣誉学部委员的学术称号，国务院、外交部、国家海洋局等国家机关聘请我担任专家、委员，参加咨询工作。国家还给予了我国务院特殊津贴的奖励，并在我年逾古稀之际，指定我担任设在荷兰海牙的国际仲裁机构—常设仲裁法院的仲裁员，承担在国际问题上明断是非的工作和弘扬公平正义的崇高职责。对于从事国际法研究的学者来说，这是一种高度信任和褒赏的表示。

没有共产党就没有新中国，没有共产党就没有我们的今天和明天。我是在党的阳光雨露的滋养下成长起来的，在庆祝中国共产党成立100周年的喜庆日子里，我深以自己是中国共产党的一名党员而自豪。我们的党正在领导全国人民，披荆斩棘，朝着强国富民的方向大跨步地前进。我将一如既往地紧跟党的步伐，做好一个中国共产党党员应当做的事情，尽到一个党员应当尽到的责任。

铺路石子

郑克强

作者简介：

郑克强，1949年11月出生，青年时期先后下乡务农、入伍当兵、进厂学徒。先后毕业于吉林大学法律系、中央党校培训班（正规）第一期，研究生学历，研究员职称。曾在江西省公安厅、江西省委宣传部等单位工作；先后担任《争鸣》杂志主编、江西省社会科学联合会专职副主席、江西省政府副秘书长（兼江西省政府发展研究中心主任）、南昌大学党委书记；退休后担任南昌大学中国中部经济社会发展研究中心主任、管理科学与工程博士生导师，兼任江西省围棋协会主席（业余五段）。先后主持国家社科基金、省部级科研项目10余项，发表学术论文100余篇，出版著作10余部，获得省社会科学优秀成果一等奖5项、二等奖2项、国家发展研究三等奖1项。2007-2010年在南昌大学工作期间，开通博客"晤对前湖畔"，发表博文143篇，与师生交流互动；2010年7月，先后应邀在新浪微博、腾讯微博实名开博，发表原创微博近百万字，粉丝总数超过70万。

1973年初，我从部队复员后，被分配到江西拖拉机制造厂（简称"江拖"），在五车间当学徒工。当时的江拖主要生产中等马力的"丰收"牌拖拉机，这种拖拉机很适合南方水田作业和农村运输，听说也有一部分产品出口到非洲。五车间是一个总装车间，有两条半自动化的生产线，车间顶梁上架有行车，可以在下面用电气开关控制，拖拉机的前后桥、发动机、操作系统、电子仪表等半成品有序堆放在生产线的两边，我们的工作就是分成若干小组，把这些零部件组装在一起，待拖拉机成型下线后再开到停车场。

我的师傅姓刘，他是班长，技术非常熟练，为人挺厚道，脾气也很好。班上还有几位年轻工人，都很勤奋朴实，他们非常照顾我这个新手，好多活都抢着干，我管他们都叫"师傅"——那时很时髦、很光荣的一种称谓。工厂实行三班倒制，但我比较怵排在半夜12点到第二天早上8点的那趟晚班，到凌晨4、5点时，人会进入迷迷懵懵的状态，我经常听到一些晚班发生工伤事故的消息，工友说那时你要去水龙头淋一下头，会马上清醒许多。

进江拖时，正值厂里开展"总装大会战"，几乎每天都要加班加点。那时候年轻，也不知道累，总是尽自己最大努力干活儿，每当我在总装线下开着崭新的拖拉机去停车场的路上，心里就有一种莫名兴奋的感觉，这样的劳动成果太直观了！那时我的学徒工月工资只有24元，当我高兴地把第一个月的工资交给妈妈时，她却让我留着自己用，我知道，妈妈是想让我也能开始真正享受一下自己的劳动果实。24元，在今天看实在是太微不足道了，但却是我那时拿过的最高工资，我已经敢买二角八分钱一包的"飞马"牌香烟了。不只如此，甚至上早班前我还在服务大楼的小吃店买过几次小包子吃呢。

我从部队复员到地方的目的很明确，就是为了上大学。当时传出来7月份要进行入学考试的消息，我自然抓紧每一寸光阴，努力复习早已丢了的功课。语文我不太担心，但数理化我只学完了高中一年级课程，于是我从刘越南同学家里借来高二、高三的数学、物理、化学等老课本，从中学代数最基本的概念开始复习或自学，对弄不懂的问题，经常跑到老高三的孙冠平同学家里请教。我几乎把所有能利用起来的工余时间都利用上了，在家休息时，一般是做各种练习题；上班间隙，则躲在车间顶层一处死角，默默地啃嚼过去没有学过的解析几何、电学、有机化学……那时正值炎热的夏季，我常常汗流如注，虽然没有可以切磋的人，但我劲头儿很大，因为有一种"绝不错过难得的机会、要把握自己命运"的念头在不断鞭策激励着我。考试前，我在五车间顺利通过了集体推荐，大家都觉得我工作很努力，文化程度也相对高些，加之和工友的关系融洽又不卷入社会上乱七八糟的活动，车间给我写了一个蛮好的鉴定。

那次考试就是考语文和数学两门，语文是写一篇作文，我得了80多分，数学只考到二元一次方程，我考了70多分，总分在全厂上百名考生中排第一。可是，正当我以为上大学已是"荞麦地里抓乌龟——十拿九稳"时，突然冒出个张铁生交白卷的事来。这人好像是辽宁的，他也参加了那年的高考，但在考试结束时却交上了白卷，一题也没做出来。这种情况在当时是难免的，一些年纪小的考生没上什么课就被卷进"文化大革命"，考前又不用功，自然难以应考了。但"四人帮"利用、放大、炒作这件事，在报纸上、广播里，天天宣传张铁生的"反潮流革命举动"，最后把这次考试成绩全部作废了。现在没有什么史料能证明其后面复杂的政治斗争背景，但可以肯定，这是以周总理、周荣鑫等老干部为一方，与江青、迟群一伙的政治较量。最终斗争的结果是不计本次考试成绩，重新推荐一遍，但大多数单位还是维持推荐原来那些人。我呢，有很大变化，原来定的是去清华大学光学仪器专业，最后定下的是去吉林大学法律系。

后排左四为郑克强

"文革"期间提出的"砸烂公检法"，其实连带着把全国几乎所有综合性大学的法律专业也砸掉了，著名的北京大学、武汉大学法律系，及至华东、西南政法学院等专业院校统统都不招学生了。但很奇怪，当时全国唯有吉林大学法律系保存了下来，至今也没有搞清楚是什么原因。

1973年，吉林大学法律系一共招了三十几个学生，一个班里江西、贵州和吉林三省大约各占三分之一。这些同学一部分来自公检法系统，记得有贵州省高院的洪云强，公安厅的陈正强、陈忠普、龙桂珍和监狱局的庞玉铭，吉林铁路局公安处的安华力，长春市法院的赵梅时，农安县公安局的陈福，江西省消防大队的毛本源和监狱局的周惠和。其他同学多来自工厂的工人、农村的知青，其中有一部分人像我这样有过当兵的经历。王松、许衍华几位吉林同学是后来从别的专业转过来的。现在能记起名字的同学除上述外还有：江西的谢凯忠、崔永东、郭木根、张惠玉、胡延滨、余定芳、钟蔚林（已逝）、余祖新、李诗才（已逝）、赖养才（后改名赖宇）；贵州的罗黔生、杨广生、陈志烈、欧光和、王厚怀、陈廷福、渠建荣；吉林的唐佩洁、杨光、张雄安、张哲宪（已逝）、王静范、张秀珍等。洪云强是班长，崔永东任学生支部书记，学习委员陈福，体育委员周惠和，张秀珍大概是生活委员，胡延滨是文娱委员，我被指定为法律系学生会副主席，毛本源是校学生会生活委员。

系主任赵光鉴，是一位从省高院院长位置上转到高校工作的老干部，持重、厚道、和蔼；总支书记聂世基，头脑清晰，处事机敏，当时就可以看出，他实际是决定法律系重大事项的灵魂人物；副书记许肇荣，比较年轻，好像兼任着公安业务教研室的主任，与同学们的联系也比较密切；还有从长春汽车制造厂派来的一位姓李的工宣队师傅。那时的吉大法律系可能刚刚从"文革"的混乱中重起炉灶，陆陆续续从下放地点调回一些老师，汇集起许多后来蜚声法苑学坛的大师：何鹏，刑法学教授，平时不苟言笑；李放，民法学教授，为人谦和，张惠玉、郭木根等同学常在周末去他家蹭饭；张光博，宪法学教授，讲课幽默深刻，很受学生欢迎，我的第一篇法学论文《经济法原则刍议》曾请他审稿，他热情推荐给了《吉林大学学报》（文科版）；高树异，国际法学教授，英语很好，平时行装整洁，对人彬彬有礼；刘富起，法制史教授，我被他相中，跟着他学写了几篇文章，后来又参加了由他主抓的编辑整理《荀子集注》的工作，多有指点；王忠，民法学教授，会拉二胡，他常来我们班的小乐队指导；一位曾在莫斯科大学法律系留过学、到南昌招生的李春福老师，印象挺深，但不知道为什么一直没有给我们上过课；还有一位朝鲜族老师叫李吉锡，会喝酒、唱歌、跳舞，与同学们常有往来。除此之外还有王子琳、高格、张惠兰（女）、周之源、金凯、周元伯、孟宪伟、刘兴权、吕伯安、徐尚清、韩国璋、于治平、王坤范（女）、孙占懋、任振铎、刘兴华、李舜英（女）、邓崇范（女）、刘采一（女）等老师以及辅导员孟宪铎老师。

吉林大学被戏称为"马路大学"，分布于解放大路和同志街两条交叉的马路周围，起码有四个校区，东北方向的校区有座很气派的理化楼，有点苏联"斯大林大楼"的风格，那个校区还有行政办公楼，鸣放宫是一座规模很大的日本人留下的神庙，被当作大礼堂使用。图书馆也在那里，我第一次进去就感受了一种庄严肃穆的"知识殿堂"氛围。校图书馆旁边是长春市图书馆，溥仪最后一位夫人李淑贤当时在那里作管理员，我们还曾偷偷地跑去窥视过。西北方向的校区是理工科的一些实验楼及宿舍，还有室外体育场和室内体育馆。西南方向校区是教工宿舍，东南方向校区是文科教学区和学生宿舍，法律系上课就在这里比邻斯大林大街的文科楼，我们10位同学住在七舍的106室，我住上铺，杨光同学下铺。

吉大法律系那三年所开的课主要有马列主义理论，法理（包括宪法、刑法、国际法，那时还没有刑事诉讼法、民法、经济法等部门法），法制史以及公安业务（包括刑事证据、跟踪、文检、痕检、照相、洗像技术等）。由于没有正式出版的教材，系里在每门课程开始前都会发一本厚厚的油印讲义，老师讲，自己看，讨论不多，也没有作业。我在吉大下功夫阅读了一些大部头著作，比如：《资本论》第一卷、当时中央提倡的经典作家"六本书"、于光远和苏星的《政治经济学》（上），也精读了一些课外书：达尔文的《物种起源》、尼克松的《六次危机》、王力的《格律诗词》、郭沫若的《十批判书》，还有《论语》及《荀子》《韩非子》等法家著作章节。那时我们学毛主席的读书方法，喜欢边读书边作眉批，我在精读的几本书上划满了红蓝杠杠，密密麻麻写了不少读书感悟。

学习费时最多的应是英语，每天晚上八点，我就准时跟着中央人民广播电台的英语教学节目学习，对陈琳老师的那口牛津音印象非常深刻，自己也做了许多英语单词卡片，几乎每天早晨天刚蒙蒙亮，就钻进宿舍前的杨树林里，背单词、念课文，单词量最高时大概能有5000，但因为读写训练得比较少，开口说更少，所以基本没有学通。有一次，聂老师让我参加接待美国纽约州立大学法学院一对华裔教授夫妇，他们在座谈时提了个问题：新宪法中

（1975年）有许多人民必须履行的义务，他们应该享有的权利具体体现在哪几个条款？好几次我都想用英语抢答，但最后还是没好意思开口。

那时我们的伙食费是国家提供的，每月13元，但吃得比较差，菜的品种单一，成天都是大白菜、土豆、茄子、豆角来回倒腾，而且油很少，听说一大锅菜里放两瓶肉罐头，几百号人吃，难见一点肉末儿。我们南方同学很不习惯吃窝窝头、苞米碴子、高粱米饭、小米粥等杂粮，虽然每人每月有几斤细粮票，可以买馒头、大米饭，但我常常一顿就能把一斤口感极好的东北大米饭给吃光。少数同学是带着工资上学的，他们周末会去四马路一带的餐饮小店打牙祭。但我不行，因为在江拖是学徒工，没有满师就上大学，自然不能拿工资。那时我身上好像有一二百块钱，主要是在部队和江拖时存下的结余，除了买书和日常用品，一点也舍不得花在吃上。男同学几乎每顿饭都在"忆苦思甜"，而南方来的女同学却很奇怪，上大学后不久都发胖了，有人说，可能是吃粗粮的能量比大米高的缘故。

2018年7月作者与吉林大学法学院党委书记周春国在南昌合影

我在6013部队演出队那点底子，到吉大后常有显摆的机会。记得一次写作文，竟然编了个在农村学赶驴车的相声，令老师大为吃惊。在法律系我牵头组织了一支小乐队，拉板胡，有时也吹笛子，陈志烈、周惠和拉二胡，郭木根弹中阮，龙桂珍打板，为参加学校会演的渠建荣同学独唱伴奏（《老房东查铺》《请茶歌》），外系同学对我们这支小乐队赞许有加，得过学校会演的奖励，还曾代表学校参加了长春市的五一游园演出活动。

在部队学的山东快书《大老王剃头》、方言清唱《李家有个李月娥》是班上、系里的保留节目。在学生会工作时，我也常与历史系、经济系、哲学系、外语系的学生干部有所接触，那些记忆美好而深刻。体育活动主要是跑步与排球，罗黔生同学是我的排球好伙伴。偶尔也和庞玉铭同学打乒乓球，她曾是贵州省队的运动员，横拍长胶，相当厉害，在吉大拿过好几次冠军，我是打不过她的。

"文革"狂飙过去后的吉大教育很强调"开门办学"，我们先后到过长春第一汽车制造厂、长春电影制片厂"学工"，到怀德县、学校农场"学农"，到26军的集训队"学军"，还到过南关区公安分局和宽城区法院实习。在怀德县洪禧河生产队学农时，我曾跑题私下搞过一次调查研究，通过走访十几位农民兄弟，并根据他们提供的第一手数据进行定量分析，得出了一个貌似吓人的结论：集体劳动的效益不如个体劳动。但在那样的大环境下，这篇不成熟的"调查报告"一直也没敢拿出来示众。在学校农场劳动时，吉大考古专业的师生刚从一座元代古墓里挖出一罐小米，肉眼观察，比现代小米的穗更长，但颗粒不饱满，他们研究后认为，元代东北地区主要是女真人居住地，以渔猎生活为主，粮食生产的耕作技术远不如中原地区那么精细，小米产量不会很高，后来出土的小米居然被培养成活并接了穗，我还喝过那小米煮的粥，味道一般般。

进校前，学校说是三年学习时间的，但到校后，学校又规定要增加八个月"文化补习"时间，加上寒暑假，实际就是四年学制了。应该说，学校的考虑是对的，因为学生都是推荐上学的，文化层次差别很大，我算"文革"前老高中的，可一多半同学都比我年纪小，最小的同学1956年出生，停课时大概才上小学三年级。一些同学连拿笔写文章都有困难，更不用说读过什么经典著作了。当然，学校安排的文化补习也只是弥补一些语文、历史等文科基本知识。头一次听大学老师的课，感觉非常新鲜、过瘾。记得有一位从历史系请来的赵老师讲道："关中平原上如果看到孤零零的一座大土包，那下面多半就是一座王陵。"就这样，一下子打开了我对考古学的好奇心。但是，也有一些同学想更快地接触法律实务知识，抵制八个月补习期。

1975年上半学期，系里安排我们班到公安部门实习，当时实习地点、课程、内容都已安排好，但开学后，学校来了突然个袭击，要调整原定计划，一律下到农村去"学农"。同学们对这种不分时间场合、不管实际内容、不顾实际效果的临时变更十分不解。我们班"学农"地点在怀德县刘房子公社，由于下去后毫无计划，学习、劳动、宣讲、调查什么事情都干不成，群情激愤之余，推举了洪云强、毛本源和我为代表，到学校去找领导"谈判"，要求改变做法，转入公安部门实习。

当时管这事的学校领导姓包，大家背后给他取了个外号——"左青"，一是因为他左脸上有块胎记，二是由于他极"左"的词句喊得最响。我们找到他，先讲了对毛主席关于"文科要以社会为工厂"的指示精神理解，然后谈到了下去后所遇到的问题，最后提出了要从农村撤回来转入公安部门实习的要求。在谈到最后这一点上时，包突然插话："你们还要到公安部门去呀，公检法问题最大，比教育部门还厉害。"我们反驳道："公安部门是无产阶级专政的重要工具，周总理在第十五次全国公安会议上讲了，十七年政法战线是毛主席的红线占统治地位，政法干部绝大多数是好的和比较好的，否则毛主席领导的镇反运动、三反五反运动所取得的伟大成绩就无法解释了。"包自知理屈却依然强辩："现在全国的大学都在学朝农嘛，不管怎么说，下了就是学习。"我当即用刚学的形式与效果必须统一的哲学观点顶他："林彪是最会搞学习毛主席著作形式的，但实际上他是最反对毛主席的。"包听后很气愤地甩出一连串责问："这些思想是你们的吗？谁叫你们来的？谁教你们这样说的？和你们在一起的是哪些老师？你们年轻不懂事，不要受他们指使，上他们的当。"后来听说，包到刘房子公社召开了一次法律系党总支会，把赵老师、聂老师和带队老师都骂了一通。

1976年1月8日，周恩来总理因病逝世，正逢与谢凯忠同学寒假回赣路过北京，目睹了北京市民在悼念现场透露出的悲愤情绪。那时在人民英雄纪念碑南面有一片松树林，几乎全被老百姓系在上面的小纸花覆盖成一片白色，与那天的满大地的白雪又融为一体，形成了一个庄严圣洁的世界。

1976年7月28日，唐山发生7.8级大地震，那晚上我们宿舍也有强烈震感。约莫一周后，唐山地震伤员向后方城市转移救治，我们在长春火车站参加了搬运工作，抬下的伤员基本看不到伤及头部胸部者，都是折腿断臂的人，一片凄惨景象。大概因为白天太劳累，那天晚上还闹出一个大笑话：我睡在上层床铺，不知怎地突然摔到床下去了，醒来时还裹着被子，就看见谢凯忠同学站在窗台上高喊："没有震啊，跑什么？跑什么！"房间里一片狼藉，同学们都不见了。第二天才知道，晚上三楼一位女同学上厕所，被什么事情惊吓了，她大喊一声，整个楼层同学都被惊醒，传到一楼时，已经被传成"又地震了"。许多同学慌忙出逃时划破了手脚和衣裤。当时我们寝室下面正在挖防空设施，从窗台跳下能有三米多高，第二天早上，清晰可见施工大坑里有距离两米多长的一串脚印，也不知道他们是怎么跳下去又怎么爬上来的？

"文革"对中国教育破坏极大，能在恢复大学教育初期以"工农兵学员"身份就读吉林大学，应该算是幸运儿。吉大让我在经历多年折腾与坎坷后，有了一个相对安静、稳定的读书环境和思考时间。当然，我们这些"工农兵学员"也为吉林大学法律系、及至后来法学院的发展，提供了宝贵的经验，可谓名副其实的"铺路石子"。

四十三年后的拜望

郑克强

　　参天之树，必有其根；怀山之水，必有其源。江西与母校虽然相隔遥远的路程，但母校是我成长的摇篮，更是我心灵永驻的港湾。从1976年8月毕业离开吉林大学后，除了一两次出差路过长春，我已经有四十三年没有回母校了。2019年10月，经校友们推举和吉大校友总会批复，我担任第一届吉林大学江西校友会的会长，并应邀参加11月初举行的吉林大学校友会第二届第五次理事会会议。于是，我有了一次重返母校的机会。

　　11月6日，我与吉林大学江西校友会秘书长罗琦同行，从万里晴空的南昌飞了三个小时，到达白雪皑皑的长春。当天下午，吉林大学副校长蔡立东教授，法学院党委书记周春国研究员，法学院前院长、上海交通大学郑成良教授等在校老师和校友，相聚于我们下榻的御诺酒店，大家忆往事，叙友情，谈笑风生，非常开心。晚上我们品尝了心心念念的正宗"东北菜"：猪肉炖粉条、羊肉汤、杀猪菜、小根蒜、切莫菜蘸大酱、豆皮包野菜、水饺……我们商定，明天会后去看望年逾九旬的李放老师与任振铎老师。

　　11月7日上午，我们在中心校区鼎新图书馆四楼多功能厅参加年会，听取了吉林大学党委书记杨振斌关于高校做

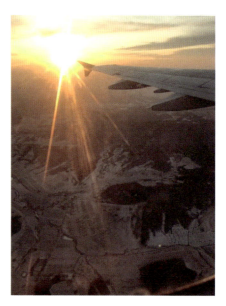

长春上空可见白雪皑皑的东北大地

好校友工作的报告，他谈的"校友工作五要点"令人印象深刻：一所学校的美誉度主要取决于校友对社会的贡献度；一所完整的大学是由在校师生和毕业的校友有机组成的；校友对母校的归属感，取决于读书期间老师对学生的爱，包括批评教育；现在关心我们的学生就是关心我们未来的校友，现在关心我们的校友就是关心我们过去的学生；校友对母校做贡献最有效的方式就是做好本职工作，同时也欢迎校友在力所能及的情况下支持母校发展。杨书记在谈到每个"要点"时都讲了一个与吉林大学有关的小故事，生动贴切，非常接地气，真是全国知名的思想政治课专家啊。法学院周春国书记等代表学校各院系就如何做好校友工作所分享的经验，也使我们受到很大的启发和教育。

吉林大学校友会第二届第五次理事会会议会场

吉林大学党委书记杨振斌讲话

法学院党委书记周春国在会上分享校友工作经验

　　去长春前，我在心里埋下一个愿望，借这次开会的机会，一定要去看望一下年逾九旬的李放老师，并与师母黄老师建立了微信联系。李放老师是吉林大学法学学科的重要缔造者，也是新中国法学教育和法学研究的重要奠基人之一，他十九岁进入吉林大学，在教学岗位坚守了一辈子。我在吉林大学读书时，他是法律系民法教研室主任，至今我还记得他给我们讲授列宁名著《国家与革命》的情景：不高的身材，一丝不苟的语调，对原著条分缕析，时代背景、主要观点、逻辑顺序等梳理得清清楚楚。那时，李放老师和他的夫人黄老师，是与同学们关系最为密切的知心朋友，他们总是惦记乍到东北的南方同学生活不习惯，常常主动问寒问暖，邀请同学们周末到家里"改善伙食"。四十多年过去了，我们江西的老同学聚会，经常会忆及两位和蔼可亲的老人家，特别是张惠玉、郭木根等同学，虽已年过七旬，只要谈起李放老师和黄老师，他们的脸上就写满了抹不去的怀念感激之情。

　　上午开完会，我委托法学院校友会秘书长胡英娣老师帮我买些鲜花和水果，胡老师在中心校区附近连着跑了好几个地方，也没买到鲜花，只好买了两个漂亮的大果篮。随后，由周春国书记亲自驾车，开始了期盼四十三年的拜望恩师之行。

　　我先去拜望了任振铎老师。当年我到吉大法律系报到时，任老师是系办公室主任，记得我当时还没开口说啥哩，他就清楚地叫出了我的名字！后来听说，那时他家刚出了件大事，却丝毫没有影响新生接待工作，那一幕场景给我留下十分深刻的印象。任老师冒着严寒从一楼把我们接到家里，逐个问起江西同学的情况，还给我看了他两个帅气的双胞胎小孙子的照片。忽然间，他提起一件我已完全忘记的往事：我在《争鸣》杂志当主编时，他给我寄过一篇有关"刑法证据"的文章，后来公开发表了。胡英娣老师给我们照相时，他右手臂顺势一把搭在我的肩上，我也紧紧地搂住了他的腰，我知道，那是老师对学生的一片舐犊之情，让我心里感到一阵温暖。

与任振铎老师合影留念

从上午开始，李放老师和黄老师两口子就不停地微信语音和电话催问我："是不是到家吃中饭？要不要孩子去车接一下？几点钟能到家？都三点了咋还没到？"……我数了一下，几个钟头里居然来电来信息9次！见着老师、师母非常高兴，看得出他们比我还激动，真有说不完的话啊。李放老师已经91岁，但精神矍铄，慈祥依然；黄老师笑容可掬，热情依然。我向他们汇报了毕业后工作的大致经历，介绍了江西其他同学的基本情况。我们一起回忆当年在学校的趣闻轶事，老人家不时发出会心的笑声。黄老师虽是广东人，但生在江西、长在江西，对江西来的同学有一份格外亲切的感情，她一边削着水果，一边故意责怪地说：你这么多年不跟我们联系，是不是看不起我们啊！我一数差不多四十三年没有音信往来了，令人汗颜啊。两位老人当年像对待自己孩子一样，关心照顾着一批来自老革命根据地的江西学子，真是师恩如海，难以忘怀。

与李放老师及师母黄老师合影留念

两位老师送了我好多东北特产：人参、木耳、榛子、葵花籽……李放老师还赠送了我一本他的专著——《岁月留痕》，鼓励我不忘初心，永葆当年的蓬勃朝气。期待能再与老师重叙久别的师生情谊。

李放老师送给我专著《岁月留痕》及人参

11月8日，家在长春的赵梅时、王静凡两位同学专程来看我，在周书记的安排下，我和两位老大姐参观了坐落在中心校区的吉大法学院，并在会议室里留影纪念。我实地体察了吉大法学院的发展变化，深深感受到周春国书记对老校友的诚心诚意，他们真是把做好校友工作当作法学院工作一项相当重要的组成部分了。

和赵梅时、王静凡同学在吉大法学院会议室留影

　　我在吉林大学度过了一生中难以忘怀的时光，老师对同学的热情关爱历历在目，同学之间淳朴的友谊，仿佛就在昨天。我深深感到，每位校友取得的成绩，都与母校的培养有着千丝万缕的联系。时光可以带走岁月的年华，可以冲淡人生的悲欢离合，却带不走我们对母校的无限眷念，带不走我们对老师的真诚感激，带不走同学之间的深厚情谊。

难忘的吉大教学生涯

孟宪伟

作者简介：

孟宪伟，男，1936年8月生。1962年本科毕业于北京大学法律系，1965年研究生毕业，1980年前往萨格勒布大学研修国际私法。曾任吉林大学法律系、中国人民银行管理干部学院教师，北京联合大学应用文理学院法律系主任、教授，北京大学、大连海事大学等校兼职教授，中国国际私法研究会理事，北京市法学会常务理事。先后主编和参加编写《冲突法学》《国际私法》等著作10余本，发表《略论公共秩序保留》《我国仲裁立法的两个问题》等论文30余篇。1992年获国务院特殊津贴。

岁月流逝，光阴荏苒，转瞬间离开吉大已经30年了，但今天想起来，30年前的往事，依然历历在目，那时的老师们和同学们的可敬可爱的形象，仍然时常浮现在我的脑海里。

一、勇闯第一关

1968年我离开北京大学到吉林大学法律系任教，从而开始了在吉大20年的教学生涯。当时吉大还处在"文革"当中，形势还不稳定，学校也未招生，没有上课，我就和其他老师一起参加"大批判"（就是批判所谓"党内走资本主义道路的当权派"和所谓"资产阶级反动权威"）。后来有些人被抽调到有关部门帮助写材料。大约1970年，毛主席号召党员干部读马列原著，有《共产党宣言》《法兰西内战》《国家与革命》等共六本书，一些教师被抽出来，到其他单位去做这些著作的辅导和讲授工作，我也在其中。当时我是较为兴奋的，因为第一，"文革"进行好几年了，学校不开课，教师就无事可干，这次真是发挥作用的好机会，我们可以为国家出点力了。第二，"文革"期间知识分子被认为是"臭知识分子""臭老九"，现在应当通过这项工作，为知识分子争一口气了。第三，对于我本人来说，刚到一个新的工作单位，我应把这项工作当作教学实习，锻炼一下我的课堂教学能力，以便适应以后的教学工作。记得1972年"五一"节过后一两天，系领导交给我一项任务，要求我5月7日给四平市装甲兵部队的官兵讲课，约有200多人听课。因为时间紧迫，来不及安排试讲了，让我抓紧准备。我一听有些犯难，因为我过去从来没有讲过课，第一次就上这样的"大课"，做这种"大报告"，确实感到莫大的压力。但又一想，这是我到吉大后组织上第一次交给我教学方面的任务，无论如何不应退缩，必须迎难而上，再说要讲的内容我在大学本科和研究生阶段多次学习过，并不是生疏的东西，只要精心准备，是能够胜任的，于是就硬着头皮接受下来。但毕竟是到校外一个大单位去讲，心中还是有些忐忑不安。这时有的老师就鼓励我说："你就按照你准备的讲，不会有问题的"，"你别害怕，没有什么了不起的。"系领导（当时是工人宣传队一位师傅）也鼓励我要有信心，同时又告诫我"讲课应当深入浅出，通俗易懂，让大家都能听得明白。如果你讲了半天，人家听不明白，就是你讲课的失败。"这句话我此后一直铭记在心。后来我坐了两宿夜车，把要讲的内容搞得烂熟，对于重点难点问题如何讲解，听课的同志可能提出哪些问题，如何解答，都做了准备。

5月7日那天我一进部队的礼堂，看到座无虚席，全场200多人全都瞪大眼睛看着我，我讲课的过程中，场内鸦雀无声，许多人低头做笔记。课间休息的时候，有些人围着我提一些问题，从他们提的问题来看，他们是听进去了，有的人还有所思考，对他们的问题，我一一作了解答，大家还比较满意。从事后反馈的意见来看，大家认为听课后"有收获""能解渴"，整体反映较好。就这样在教学征途上我闯过了第一关，我的努力终于得到了回报。此后，根据系领导的安排，我又到其他一些单位如市革委会干部读书班、商业局干部学习班以及外县的干部学习班进行讲授，也都取得了较好的效果。后来我应《长春日报》之邀，根据讲课内容写了几篇文章，被报纸连载。

二、受到学生的感染和鞭策

　　1972年法律系开始办试办班，1973年正式恢复招生。在"文革"以后，在全国政法院系当中，吉大法律系是首先恢复招生的。最初几个学年中，我担任法理课的教学工作，由于有前一段时间校外讲课的经验，我的课堂教学很顺利地得到了学生的认可。因当时尚未恢复高考制度，学生都是由基层推荐入学的。他们多是转业军人、下乡知识青年和基层工作干部，他们学习理论注重实际应用，能够吃苦耐劳、团结互助、遵守制度。更有些同学很有文艺天赋，能歌善舞，吹拉弹唱样样内行。我数次和他们一道下乡劳动，在农村一起住火炕、干农活、吃派饭，有时干活下来很疲劳，甚至汗流浃背。但当学生们展示他们的才艺，说一段快板，或唱一首动听的歌时，有的老乡也去表演节目，从而拉近了师生与农民群众的距离，密切了与乡亲们的情感。干活时的寂静被欢声笑语代替，疲劳的感觉烟消云散，其他烦心事儿也一扫而光，此时此刻的感受，又何尝不是一种幸福呢！那时我已年近40岁，性格原本就不太活跃，受到同学们的影响，有时也来个小节目，一展歌喉，与大家同乐。时至今日，当年同学们所唱的《红米饭南瓜汤啊，嘿哟嘿》，电影《创业》的插曲《要让大草原，石油如喷泉》《心中想念毛主席，越苦越累心越甜》的歌声还时常萦绕在我耳边。同学们的青春活力感染了我，我感到越活越年轻了。同学们在学习上也很努力，很勤奋，他们珍惜在大学的学习时光，上课时专心听课、认真记笔记，课堂讨论时用心写发言提纲，开会时踊跃发言。还有几位同学常年坚持学习英语，即使下乡劳动时也挤出时间读英语、背单词。在那时"四人帮"肆虐的年代，在"张铁生事件"和"黄帅事件"发生之后，仍坚持每天学习英语，这不仅需要有强烈的求知欲望，而且还需要点政治上的勇气呢！

　　同学们这样刻苦学习的精神深深地鞭策了我，我想到他们为了实现学习的愿望，会对教师提出怎样的要求，抱有多高的希望啊，我深感人民教师责任非常重大，一个合格的、称职的教师，应当对学生高度负责，严肃认真地讲好每一堂课，决不能马虎敷衍，否则对不起学生。教师决不应该辜负党和人民以及学生们的期望，这是教师职业道德最起码的一条。

三、"人家要出国，咱们可别给耽误了"

1978年党的十一届三中全会确立了改革开放的国策，为加强与外国的交流，国家决定派一些人去国外学习，上面分给吉大法律系一个去前南斯拉夫的名额。因南斯拉夫语言和俄语近似，所以要找俄语基础较好的人去。我在晋升讲师职称的俄语考试中成绩较好，系里就把我推荐上去了。当时系里党组织负责人许肇荣老师通知我说："系里派你出国学习，你要做好准备。"我出国的任务是进修国际私法，出国的身份是"访问学者"。按规定，凡出国人员都要进行身体检查。我去校医院检查那天，测量血压时，我向大夫说明我有高血压症，大夫给我测量血压后也没告诉我具体数值是多少，只是说："你先坐这等一会儿"，说完她就进到里面的屋子去了，很长时间没出来，我有点着急了，这时我就听到里面有一位女同志说："人家要出国，咱们可别给耽误了"。过了一会儿，那位大夫就出来了，我一看表格上"血压"一栏写的是140/90，这是合格标准的极限值。这下我明白了，那位大夫给我量血压时一定较高，她们是在里面研究怎样往表格上填血压数值，既要基本上符合实际情况，又不至于影响我出国，她们真是为此煞费了一番苦心。我当时拿了表格就很高兴地走了，连一句表示感谢的话都没给大夫们留下，今天想起来，仍然感到十分内疚和后悔。

四、一句话引起骚动

我去前南斯拉夫进修两年，于1982年回国，系领导让我给大家介绍一下出国见闻，当讲到当地人民生活状况时，我说我所在的克罗地亚共和国人民生活水平比较高，城市每人平均住房面积14平方米，这时台下一阵骚动，许多人交头接耳，小声说："啊呀！他们居住的条件太好啦，多么宽敞啊！"在那个年代，由于我国经济发展水平所限，我国城市居民住房十分紧张，记得当时吉大许多中青年教师家里两代三、四口人住在约10平方米的一居室里，这样的家庭人均住房面积只有2~3平方米左右。人均14平方米的住房面积，当时对他们来说无疑是一种奢望。但是现在已经完全不同了，我国人民的居住条件已经赶上甚至大大超过了这个标准，今天再听说某个外国有这样的居住条件，谁还会惊奇呢？有多少人还会羡慕呢？在那次会上还介绍了当时中国人在国外的一些情况，有两点比较突出：一是大家都穿着清一色的黑毛料衣服，二是爱买便宜货（商家降价处理的物品）。我们刚到国外时，语言还不熟练，但对哪里卖便宜货的消息却非常灵通，一传二、二传四，不到半天，全城的中国人都知道了，都跑去抢购"便宜货"。这种情况外国人也发现了，他们说中国人很淳朴、很勤奋，上进心很强，但经济条件较差，比较清贫。当时我确信随着我国经济的发展，这种情况一定会改变。现在，中国人去国外，穿着都很时尚，即使有人穿得很随便，也丝毫不亚于其他国家的人。我们再也不是"黑色军团"了，许多中国人在国外还购买高档衣料、日用品、首饰及有当地特色的食品，当年中国人在国外那种"服装清一色""抢购便宜货"的现象已一去不复返了。这充分说明现在我们中国经济发展了，人民富裕了，我们已经进入了一个和40年前完全不同的崭新的时代。

五、系领导和老教师的关怀

1982年，我归国后在系里开设国际私法课，当时吉大法律系是全国第一批按照教育部的规定开设国际私法课的政法院系之一。那时的学生已是恢复高考后所招的新生，文化基础较好。我在备课过程中，除了整理、运用国外所搜集到的资料之外，还专门到涉外部门进行大量调查研究，多次与实际部门的同志进行座谈，这样把国际私法的基本原理与我国的具体实际结合起来，教学中令同学比较满意。同学们对我的教学工作予以肯定的同时，也对缺点直截了当地提出批评，并对改进工作提出中肯的建议。系里的几位老教师还吸收我参加他们所承担的科研项目，其中有的是编教科书，有的是写专著，有的是编辞书，两三年后就出了一批成果。当时还有一些学术刊物向我约稿，我也发表了一些论文。有的老师还让我参加全国性和地区性学术会议，使我有机会与其他院校的同行进行学术交流，他们还推荐我担任学术团体的职务，并应邀让我在学术会议上作专题报告。所有这些都对我的教学和科研水平的提高起了很大作用。

同时我被选为党支部书记及系里的教研室副主任，还曾做过班主任，这样除了教学科研工作外，还要做师生的政治思想工作，抓学生的纪律，安排实习，处置突发事件，等等。1985年我申报副教授职称，系学术委员会经讨论通过了，事后有位老师向我说，对于你提副教授的问题，大家没有任何争议，是一致通过的。后来报到学校去也比较顺利地通过了。

六、我的第二个母校

我一来到吉林大学，就发现学校有浓厚的学术氛围，有尊重知识、尊重人才、爱惜人才的优良传统，有适于中青年人才成长的良好环境，有一系列培养和提高青年教师的制度和措施。那时我就暗下决心，要充分利用这些有利条件，提高自己的思想水平、理论水平、知识水平，锻炼自己的工作能力，在吉林大学这20多年，我确实是一步一步向这个目标迈进的。

首先，在吉大这20年使我真正热爱了教学工作，确立了忠诚党的教育事业的信念。我自幼就非常崇拜讲课好的老师，并且有了成为他们这样人的志向，而经过这20年，我决心终身从事这项工作。到北京后，在退休之前曾有不止一个单位希望我去工作，并许诺给以较高的职位和较好的待遇，但均被我婉言谢绝了。我认为做个普通教师就是我人生的目标，做自己所喜欢的工作，才是真正的幸福。就这样我到了北大分校（后来成为联合大学一部分）。

其次，在吉大工作这20年，也是我继续学习的20年。如果说，北京大学对我的培养，使我有了为国家工作的基本素质，包括基本理论、基本知识和基本技能，那么在吉林大学这20年就使这种理论、知识和技能得到检验、锻炼和进一步提高，得到升华。我到北京后相继被晋升为正高级职称、被北京大学、大连海事大学等校聘为兼职教授，并享有国务院特殊津贴，主持科研项目。回顾自己的亲身经历，可以毫不夸张地说，没有在吉大这20年的工作锻炼，就没有我到北京以后的新发展。从这个意义上来说，吉林大学就是我的第二个母校，我感谢吉林大学对我的继续培养及为我进一步成长提供的许多有利条件，感谢原吉大法律系的老师们，特别是一些老教授：如李放老师、高树异老师、王子琳老师、张光博老师等的长期指导和帮助。衷心祝愿吉林大学越办越兴旺，办成世界一流大学，为建设社会主义现代化强国培养出一批又一批栋梁之材。

吉大留痕

陈　福

作者简介：

陈福，1948年1月出生于吉林省农安县(古有黄龙府之称)。1967年高中毕业(老高二)。1973年9月先参加高考，后经推荐进入吉林大学，1976年7月毕业。毕业后，经遴选于1976年9月进入长春市委宣传部工作。1978年因与家人团聚，转入吉林市工作。先后担任过吉林市委宣传部宣传处长、永吉县委副书记、吉林市委研究室副主任、吉林市委宣传部副部长(主持工作)、吉林市检察院检察长、吉林市委秘书长、吉林市政府副市长、吉林市政府秘书长、吉林市委常委政法委书记、吉林市委副书记等职。退休后进入吉林市老年大学书法班学习书法，自认堂号为"三省乐之斋"、名号为"三省乐人"以表心性。

图为许肇荣老师（左一）、聂世基老师（中）、陈福（右一）

尽管"往事如烟"，但40多年前发生在大学时光的那些往事却历历在目。一旦提及，往日的情景立即浮现在自己的脑海中。这大概是因为发生在人生转折点的事使人印象更深刻的缘故吧！

　　到吉大读书前，我是吉林省农安县公安机关（当时称为：农安县革命委员会保卫部）的民警。1976年大学毕业后，我被长春市委选调到市委宣传部理论教育处工作，辗转12年忝列副厅之职。大学，使我的人生轨迹发生了转变；大学，为生命的升华提供了坚实的基础和可靠保障。

　　学校对于人的教育除了课堂之外，生活于其间的耳濡目染往往给予人的比课堂更直接、更深刻。

图为青年陈福（左二）

　　记得入学后不久，我参加了唐敖庆校长传达中共十大会议盛况和主要精神的大会。在一个多小时的会议中，唐校长站在麦克风前一气呵成完成了演讲。这位年过半百的全国数一数二的化学专家，身材敦厚、气韵丰满、声若洪钟、面如重枣，铿锵有力的演讲传递出他的荣耀和自信，彰显着高等学府领导干部和国家高级干部应有的风采和水准。对他超强的记忆力，全校师生无不为之惊叹。在我的脑海中，领导干部都是坐着讲话，而且习惯都是喝一口水，念几句讲稿，慢条斯理，娓娓道来。有时也有抑扬顿挫，但那忽高忽低的声调和文稿的含义往往对不上拍节，该低声处声音放高了，该高声之时又没能高上去。唐校长的演讲无疑是给有可能登台的演讲者做了一个生动的示范。

对儒法之争的研究，是历史系、中文系的专长。那时节，法律系却也成为主力之一。李放老师在校理化楼（当时吉林省最高最大的建筑）7层小礼堂为全系师生和其他系部分师生做了一次儒法之争的学术报告。他在简述了春秋战国的历史演变之后，介绍了当时诸子百家的简况，详细讲解了儒法各家的基本思想和主张以及儒法之争的根源、背景、焦点和实质，主要当事人的出身和下场。李老师以确切的史实、恰当的术语、严密的逻辑阐述了他的学术观点，厘清了一些模糊的观念。对中华民族最为活跃的一段思想文化史条分缕析、抽丝剥茧、如数家珍。中间插叙的历史典故增强了演讲的趣味性。在两个多小时的演讲中，无人瞌睡、无人说话。虽然讲的是古人之事，听者却是兴趣盎然。他那从容淡定的仪态、脱口而出的经典、深入浅出的论证、与人商榷的口吻，彰显了吉大老师的深厚学养，从他身上学生们看到了学者风范和儒雅之气。

图为陈福（左）

吉大法律系七三级是"文革"时期全国第一个恢复招生办学的法律院系。在那个特殊的时期，系里的教学和科研工作是在摸索中前进、试探中展开的。老师讲的不多，但指导学生讨论的机会很多。唯其如此，老师们把自己半生（有的是大半生）所学凝结成精华，利用有限的几个课时向学生们进行传授。上课虽少，但所教皆是精华，有的老师只给我们讲过一节或几节课，只做过一次答疑，只参加过一次活动，却给七三级同学留下了深刻的印象。特别是他们传授的学习方法，使我至今还在受益。

"大学本科阶段只给学生大脑安了一个装满百科全书的书架，经过本科培训后的学生应该知道自己所学的知识在这个书架上的准确位置，并且知晓本学科内在的系统关系，与其他学科的相邻关系。能知道到哪里找到自己要读的书籍、获取研究的资料。"这是周之源老师的教诲。

"读书要把握的是精髓。要做到把薄的书看厚了，把厚的书看薄了。""经典著作要精心读，恩格斯在马克思墓前的讲话以及他为《共产党宣言》写的序言，文字不多，但内涵丰富，都应该读厚了。"这是韩国璋老师的教诲。

"要提高提问题的能力。提问题的水平就是学识水平。老师不怕学生提问题，就怕学生提不出问题。问啥都懂，其实啥也不懂。""做学问不能避重就轻，这和演奏乐器一样，要想得到强烈反响，必须击中绷得最紧的那根弦。"这是张光博老师的教诲。曾经张光博老师留下的一道题到今天我也没做完。

"思维成熟要经过三个阶段，首先是想明白，紧接着是写明白，最后是说明白。思维经常处于'分子的布朗运动'状态。想明白就是要在互相交错的思绪中按一定的逻辑关系理出一条清晰的脉络；写明白就是用确切的概念和准确的词句把这个脉络落到纸面上；说明白就是把落到纸面上的东西熟烂于心后，再说出去让别人听懂。想明白、写明白、说明白不是轻易就能做到的。有的人满腹经纶，脸憋得通红就是说不出话来，症结在三个明白中必有一个不明白。"这是聂世基老师的教诲。

……

三年大学生活，占用时间最多的是对马列原著的学习。老师们对《共产党宣言》《国家与革命》《路德维希·费尔巴哈和俄国古典哲学的终结》《哥达纲领批判》《家庭、私有制和国家的起源》全书以及《资本论》《反杜林论》《法兰西内战》部分章节进行了逐段逐句的讲解，从我在这些书籍上所做的圈点及眉批上，足以证明当时所下的功夫。其他功课虽然课时有限，但也留下了很深的印象。许肇荣老师讲的马氏步法追踪、孙占茂老师讲的法医常识、高树异老师讲的国际法先师格老秀斯……都引起了同学们的极大兴趣。直到2017年部分同学在三亚相聚时，王松还能说出刘兴权老师讲证据学时所使用的案例，以及案例中当事人之间的精彩对话。

图为陈福精读《共产党宣言》

七三级和其他各年级相比有许多不同之处。这是因当时的社会条件决定的。正如马克思说的那样："人们自己创造自己的历史，但是他们并不是随心所欲地创造，并不是在他们自己选定的条件下创造，而是在直接碰到的、既定的、从过去承继下来的条件下创造。"（《马克思恩格斯选集》第一卷，人民出版社1972年版，603页）但，就为社会培养有用人才来说，七三级和其他各级却是完全相同的。我们班总共36名同学，毕业后都回到原籍安排了工作，成为当地的香饽饽，受到了当地政府的重用，很快成长为国家科、处级干部，在可以评业务职称单位工作的同学，普遍获得了中级或高级职称。退休后统计，有6名同学担任过厅级实职职务。

2006年9月，因参加吉林大学建校60周年合校6周年庆祝活动，我和同班26名同学再一次走进了吉大校园。目睹新校区美丽的园林、庄严的大礼堂、宽阔的体育场、明亮的教学楼、整洁的宿舍和食堂，一种时代在发展、历史不停步的感觉油然而生。昔日的老师，遇到七三级学员仍然是满腔热情。莘莘学子和我们在校时一样充满了青春的活力，憧憬着美好的未来。我赞叹否定之否定这只看不见的手，始终准确地拿捏着法律系的发展史，使这个承载诸多老传统的法学之树不断生长出新的枝芽，演绎着涅槃再涅槃的历史，使法律系上升到更高的层次。我也注意到，每一次涅槃都是前一次涅槃的发展和延续，前一次涅槃总是后一次涅槃的铺路石。这大概也是法律系的"自然历史过程"吧。

李放老师和我的大学

傅和平

作者简介：

　　傅和平，1954年7日1日出生于重庆市，1968年就读于郑州市第二十六中学，1969年至1970年河南省确山县任店公社初中毕业，1971年下乡知青，1974年至1977年吉林大学法律系学生，在校期间担任系学生会文化部副部长，1977年毕业分配到郑州市中级人民法院，历任书记员、助审员、审判员，1984年任刑二庭副庭长，1985年任刑三庭庭长，审判委员会委员，1989年至1992年任告申庭长，1992年至1999年任经一庭庭长1997年1999年两次到国家法官学院学习培训，1999年任副院长，三级高级法官，2014年退休。

我的知青岁月

　　农村是一个广阔天地，在那里是可以大有作为的。我们响应毛主席的号召，满怀激情地下到了农村这个广阔天地。艰苦漫长的知青岁月里，我做梦都没有想到以后会上大学，更没有想到上了大学会遇到这么好的老师。冥冥之中，也许是上天的恩赐，让我与李放老师有了一段知遇奇缘。

　　1971年2月，我和同学刘润华（与我有同样经历）挑着行李，行走50余里，下到了郑州郊区须水公社五七青年农场马砦二连，连队有二百多名知青，连长是带队干部。知青担任副连长、排长、班长等职务，由于我来得晚，只能插班当兵。

　　马砦村地处丘陵地带，马砦把东、西、南三个荒岗给了连队，大概有三百多亩荒地。知青们需要平整土地、打井、积肥、种粮食。刚开始我们住的是防空窑洞，还要自己动手烧砖建房。工程之大，农活之重，是难以想象的。每天从天亮干到天黑。虽说是抽出了一些知青进城打工，补贴生活，可仍是杯水车薪。除了过年过节改善一下生活，平时根本就吃不上一顿饱饭。

一次，有几个同学实在饥饿难忍，去食堂偷馍吃被抓住，还专门开了批斗大会，在全体会上做深刻检讨，同学孙建从家带来二斤猪头肉，俺俩不敢让同学看见，眨眼间肉就进肚了，就像猪八戒偷吃人参果，还不知道是什么滋味。为了改变现状，我主动向领导请示，自己动手，养猪种菜。经领导批准，成立蔬菜班，抽调6人，让我担任班长，在荒岗上给了我们三亩多地，我们付出了多少辛勤的汗水，硬是在荒岗种出了各类蔬菜，当年就是大丰收。当同学们吃到自己种的新鲜蔬菜时，别提有多高兴啦，当然我们更是开心和自豪。为此，时任农场场长许世龙，带领兄弟连队领导到我们菜地开现场会，号召兄弟连队学习我们自力更生、艰苦奋斗的精神。从那时起，什么样的技术农活，都让我领着干，如平地拉线、建炕育苗等。由于我的努力及领导和同学们的信任，我逐步被提拔为副连长。

在那段激情燃烧的岁月里，我有付出、有喜悦、也有彷徨。我从未想过要扎根农村，我的梦想是当一名解放军战士，可因为父亲的问题，每次政审都被刷了下来。当时我非常沮丧，万念俱灰，没有了人生目标。

一次，知青们到城区拉肥，六个人拉一辆马车，二个人一辆架子车，来回90里地，从城区到连队是一路上坡，拉到途中的西岗大队，浑身上下都被汗水湿透了。我和刘景濮、刘润华、郅建新等几个同学，坐在岗上休息，看着卡车一辆辆从身边掠过，我对大家说："将来谁要是当了司机，可要停下来拉兄弟一把。"

1973年，全国大学陆续招收工农兵大学生，我们连有三位同学被推荐参加考试，我报的志愿是中文和艺术，除了考基础知识外，还要画一个静物，也

1971年当知青时住的窑洞

许是我画得不好，或者还是政审问题，我未被录取。

1974年，我又被推荐考试，由于多次受挫，根本就没抱多大希望。当接到吉林大学录取通知书时，真不敢相信自己的眼睛，而且是法律系，法律是什么？一无所知。幸运之神怎会降临到我的头上？从未有过的惊喜，那几晚，我彻夜难眠。

就这样，我没有当成兵，却成为一名工农兵大学生。我是作为"可以教育好的子弟"上的大学，这是我在大学申请入党时才知晓的。

李放老师和我的大学

1974年10月初，我前往长春吉林大学报到，给我的第一印象就是塞北的雪。报到当天一场早来的大雪，将宿舍门前的松树枝都压断了，使我想起毛泽东的那首气势磅礴的诗词——北国风光，千里冰封，万里雪飘……漫天飘舞的雪花，如此秀美，令我心旷神怡，实际上这与我当时的心情是有关的，作为知青的我，艰难地踏进大学校门，实属不易，一切都那么新鲜美好。

在宿舍口迎接的是刘兴华老师，一见面就喊："傅和平，郑州来的。"我很吃惊，怎么会有人认识我？过后才知道，刘老师记忆力超强，只要看了照片过目不忘，对前来报到的每个同学，都能叫出名字和来处，到底是大学老师呀！

吉林大学坐落在长春市，是一所综合性重点大学。起初，是用来培训党的干部，后改为东北人民大学，又改为吉林大学。解放初期，从北大、清华等名校，抽调了一批知名教授，充实吉大教学。如化学泰斗唐敖庆，后任吉大校长。

吉林大学没有院墙，又被称为马路大学，分布在城市各个角落。文科楼与理化楼相距甚远，理化楼、校图书馆楼及鸣放宫，东西相连，各具特色，是城市的一道风景线。理化楼宏伟高大，冬暖夏凉，图书馆楼堪称藏书最多，鸣放宫是长春八大宫之一，据说这三个建筑，是日本占领时期设计修建的，吉大搬迁后，已作为文物保护起来。

吉大除了有众多的系和专业之外，还有自己的工厂、印刷厂和校医院等，学生看病也不要钱。

吉大法律系是文科中的重点学科，也是"文革"时期最先恢复的专业。据说是美国时任总统尼克松访华时，毛泽东主席根据形势需要，批准吉大恢复的。1973年招收一个班，有30多名学员，我上学时招收两个班，100来人。这一年北大也恢复了法律系，招收了一个班。大学三年，我们的主要课程有，宪法、国际法、婚姻法、法理和法制史。因为当时没有颁布成文的刑法、民法及程序法，我们学习了刑民方面的方针政策。还学有法医学、证据学以及公安方面的知识，如步伐追踪、文检、痕检等。还主要学习了哲学、政治经济学及科学社会主义等重要理论。

　　以上教材，都是老师在艰苦的条件下自己编写的。1977年恢复高考，全国大学陆续恢复和建立法律院系，很多都是用的吉大教材，并向各地输送了很多优秀教师，如金凯老师，他教我们比较刑法，后调到郑州大学组建法律系，任法律系主任。

　　我们这一届学生，没有上过高中，底子薄，进入大学就像进入了知识的海洋，从老师那里似乎总感到有取之不尽的知识与智慧。图书馆的各类藏书应有尽有，我如饥似渴，想努力挽回那失去的岁月。

　　在校期间，我们还要"学工、学农、学军"，体验生活，还坚持开门办学，到哈尔滨、大连、青岛公安、法院实习，注重理论与实践相结合，以便学生参加工作后能很快进入角色。

在大连甘井子法院实习期间留影，右一为傅和平。

总之，大学生活有很多难忘的人和事，难忘的老师和同学，但最使我难忘和感激的是李放老师。

李放老师是被中国法学会评为有特殊贡献的20名资深法学家之一，从建校就在吉大执教，见证了吉林大学的发展史，90高龄仍著书立说。他学识渊博，对哲学、政治经济学、文学及国际法、民法、法理、法制史等，都有很深的研究和造诣。他授课思路清晰，引经据典，深入浅出，同学们听完他的课，都深有感触和启发。

从他身上，我体会到了什么是为人师表、大家风范，可他又那么温文尔雅、平易近人。我与李放老师建立了亲密的师生关系，还是在那次"学农"期间。1975年冬季，73、74级同学下到怀德县刘房子公社，我和李放老师、刘高升同学分到了一个生产队，吃的是百家饭，住在生产队长孙正家，我第一次体会到东北大炕和东北老乡的淳朴与憨厚。无论轮到在哪家吃饭，乡亲们总是做最好的让我们吃，我们与群众的关系非常融洽。一次，我们到一农家吃饭，这家姑娘围着我们瞅，就是不好意思跟我们说话，我就主动搭话："听说东北有三宝三怪，其中有大姑娘叼着水烟袋，你们村还有没有？"这姑娘回了我一句："你们大学生可真逗，还用老眼看人"，把我噎了回去。谁说农村姑娘没文化。

我们师生三人与队长孙正一家四口，男女老少住在一张大炕上，中间隔了一层布帘，晚上翻身打呼噜都听得一清二楚。零下20多度，房东总是把炕烧得暖暖的。我们也总帮他们挑水劈柴什么的。

一天晚上，明月高挂，李放老师躺在炕上望着窗外明月，背诵着苏东坡的词——明月几时有，把酒问青天，不知天上宫阙，今夕是何年……并详细讲解了苏东坡其人及历史典故，还亲自为我写了一首明月寄思的诗。从此，我对古诗词也有了兴趣，以后我们的通信当中，经常用诗词来表达。

学农的时间虽短，但与李放老师朝夕相处的日子里，他给我传授了很多方面的知识。临行前，他还用朱自清的散文《匆匆》开头一段来勉励我，至今我还记得："燕子飞了，有再回来的时候，杨柳枯了，有再青的时候，桃花谢了，有再开的时候，聪明的，请你告诉我，为什么我们的日子，一去不复返呢？"他勉励我要珍惜大学时光，努力学习，提高综合知识和能力，做国家可用之材。

与房东相处的时间不算长，但与他们同吃同住同劳动，我们建立了深厚感情。队长的老伴不知什么时候偷偷量了我们的鞋，一针一线纳了三双布鞋送给我们，一穿正合脚，一针一线连着心啊！

学农计划时间未完，不知何故，就让我们到哈尔滨实习公安业务，我和林洪泉、王红爱分到公安香坊分局。有一天，雪下的有一尺多厚，侦查员刘永诗骑着三轮摩托车，带我们去十多里外的朝鲜族村破案，还在朝鲜族百姓家吃了顿香喷喷的大米饭，东北大米真好吃，至今难忘。实习期间，周恩来总理逝世，我们提前返校。

哈尔滨公安香坊分局实习留影，从左至右分别为傅和平、王红爱、林洪泉同学

大学时期，生活是艰苦的，文科学生食堂有千把人吃饭，打饭时总是排长队，有的同学急得敲盆打碗的。我们不带工资上学的同学，国家每月补贴15元生活费，半斤油、半斤肉，很少见到肉腥，根本没有什么菜谱，经常是土豆熬白菜，白菜炖土豆。百分之八十的粗粮，陈年的高粱米、大碴子（玉米粒饭），窝窝头硬得像石头一般，大家肚里缺油水。

宿舍不大，满满地放了六张高低床，共有12个同学居住。同学姜亚力，从家里拿来一罐猪油，放在床下，有时分给我们一勺，有时我还偷偷扣一勺，真解馋。

自从学农回校后，李放老师经常把我叫到他家，让师母给我做些好吃的。一个周末的晚上，李放老师把我叫到家里，师母炖了猪蹄，我一个接一个地狼吞虎咽，我感觉天下美味莫过于此。李放老师还让我喝了点小酒，高兴起来，我拉琴，他吟诗作画，他画了一幅牡丹图送与我（老师最喜欢的两种花就是君子兰和牡丹）。他告诉我，作画要讲究浓淡干湿，画才有味道。那时我不懂画，后来我才逐渐明白，作画有浓淡干湿，生活不是也是有甜酸苦辣吗？

李放老师总是以各种方式，关心帮助有困难的学生，不仅仅是我，并且对我们几十年如一日。有件事我记忆犹新。1992年，一位毕业生校友，家是河南省渑池县的，要分配回原籍，但该生因为各种原因想留在郑州，李放老师给我写信称："该生家境贫寒，当时是三门峡地区第二名考上的吉大法学院，在校期间，该生品学兼优，望千方百计帮助他。"接到老师的推荐信，我有些作难，当时我只是庭长，没有人事权，本院留不了，我就东奔西跑，想方设法终于将其留在了郑州，安排在一个司法学校当老师。正像李放老师所说，该生确实优秀，凭自己的实力，一步步走上了领导岗位。正是老师乐于助人的精神感动了我。

2008年，与李放老师在郑州的合影。

最令我难忘和感动的还有两件事。我们学习了法医学以后，我确认了自己不是父母亲生，因为血型不对，有一段时间我很困惑，他们为什么不告诉我？我真想寒假回去问个究竟。我把这个心结告诉了李放老师，李老师听后劝我："不要有思想负担，更不能影响学习，他们不告诉你，也许有他们的难处，养育之恩，理应报答。"他的话，我铭记在心，始终没有寻根问底。养父1991年去世，我对养母视同亲母。养母今年已93岁，在我61岁生日那天才告诉我身世。养父母都是军人，抗美援朝回国后，于1954年在重庆一个姓郑的人家抱养的我。但遗憾的是，今生已不可能再与亲生父母相见，只好对天跪拜。第二件事是，大学最后一年，班党支部根据我的入党申请和在校表现，准备发展我入党，可我的档案中记载："其父亲有重大历史问题，但本人表现较好，可作为可教子女上学。"眼看就要毕业了，入党问题迟迟没有解决。我很苦恼，又不敢多问，我就把这种情况告诉了李老师。李老师听后，一面劝导我，一面帮我询问情况。

党组织对发展党员很严格，但对一个同学的政治生命，也是很负责任的。党总支为我的发展问题，多次向河南省委组织部发函了解情况，对方未予明确答复，最后党总支又派人前往河南外调。答复是："其父亲没有重大历史问题，可根据该生表现处理。"实际上，那时河南省委已将养父从农村接回，暂住省委干休所待结论。已从有重大历史问题改为没有重大问题了，但具体是什么历史问题，还是不清楚。就这样，直到毕业，我的组织问题没有解决。1978年，养父被彻底平反，恢复了工作。

1977年，我毕业分配到郑州市中级人民法院，直到2014年退休，我在郑州中院工作了37年。在工作中，我始终牢记吉大校训，不忘老师教诲，将所学知识运用到审判工作中。从书记员干起，逐步被提拔为副院长，并在工作中多次立功受奖，最后被最高法院授予荣誉勋章。

傅和平荣获最高法院授予的荣誉勋章

是老师点燃了我的人生之路，是母校给予了我丰富的知识。我们的成长过程离不开老师的无私奉献和精心培养，他们索求的唯一回报是桃李满天下。很多同学在不同的岗位上，做出了不凡的业绩。同班同学张文显、崔卓兰早已是我国著名法学家，为法学研究、法制建设做出了重大贡献。光阴似箭，往事如烟，毕业40多年来，我一直与李放老师保持联系，多次去长春看望他老人家，他也携家人来郑州看我。

2018年，在李放老师家聚会合影。

去年，吉大法学院70周年院庆，我作为吉大法学院校友会常务理事、河南校友会副会长、法学院校友会会长，应邀参加了院庆。当90高龄的李放老师被校领导搀扶着步入会场，参会人员三次主动站立，报以热烈的掌声，会议达到了高潮。在会上，李放老师被吉林大学授予终生成就奖，并脱稿做了精彩发言。

李放老师在吉林大学法学院七十周年院庆上被授予终身成就奖

　　望着他老迈的身躯，倾听他颤抖的声音，此情此景，我不禁潸然泪下。老人家用他的一生诠释了人民教师的平凡而伟大。春蚕到死丝方尽，蜡炬成灰泪始干。相比之下，我不及万一，我还有什么可值得骄傲的呢？我为身为吉大学子而感到自豪！

　　每当明月高挂，我总是仰望夜空，那淡淡月光，温暖我心。

　　此文献给我敬爱的老师、同学和朋友，也写给自己的子女，让她们了解父辈曾经的往事，真正理解大爱无疆。

2019年2月

待续

我的大学梦

邓国良

作者简介:

邓国良,1977年毕业于吉林大学法律系政法专业,现为江西警察学院教授委员会主任委员、资深教授,国家级教学名师,国家精品课程《公安实用法学概论》负责人,全国公安系统二级英模、模范教师,江西省模范教师,享受省政府特殊津贴,江西省高校又红又专学科带头人,《法治江西智库》专家,南昌大学刑法学专业硕士生导师,中国法学会警察法学研究会常务理事,教育部国家精品课程和国家级教学名师评审专家。

一、大学里的"工农兵学员"

1970年6月27日,中共中央批转《北京大学、清华大学关于招生(试点)的请示报告》。《报告》提出,经过三年来的"文化大革命",北京大学、清华大学已经具备了招生条件,计划于本年下半年开始招生。具体规定是:学制根据各专业具体情况,分别为2至3年,另办一年左右的进修班。学习内容设置"以毛主席著作为基本教材的政治课;实行教学、科研、生产三结合的业务课;以备战为内容的军事体育课",各科学生都要参加生产劳动。学生条件为选拔政治思想好、身体健康、具有3年以上实践经验,年龄在20岁左右,有相当于初中以上文化程度的工人、贫下中农、解放军战士和青年干部,有丰富实践经验的工人、贫下中农,不受年龄和文化程度的限制,还要注意招收上山下乡和回乡知识青年。招生办法实行群众推荐,领导批准和学校复审相结合的办法。10月15日,国务院向各地发出电报,1970年高等学校招生工作，按中央批转的北京大学、清华大学报告提出的意见进行。全国首批招收的工农兵学员共4万余人。

20世纪70年代初，高校开始陆续招收新生。取消了全国统一高考，直接从工人、农民（主要是插队或回乡知青，也有少数劳动模范）、解放军或生产建设兵团中选拔优秀的青年，直接进入大学学习。从1970年开始招生，到1976年结束，这些大学生，被统称为"工农兵学员"。所谓工农兵大学生就是从出身工人、贫下中农、解放军战士和青年干部中选拔，不用考试，也不限年龄，仅凭组织上推荐，即可入学。从1970年至1976年，全国各大高校一共招收了82万工农兵大学生。1977年，中国恢复高考，持续七年的工农兵学员招生成为历史。

二、我是这样被推荐到吉林大学法律系的

20世纪70年代初，我所在的四团武装一连女排排长被推荐到复旦大学读书开始，尔后每年都有一至二人被推荐上大学，这种情况也让我心动，渴望能有机会上大学。1974年上半年，我萌发了想去上大学的念头，此后便一发不可收拾，想上大学的愿望愈来愈强烈。我将这个想法先跟排长进行了交流，想征求他的意见，取得他的支持，他听后很支持我的想法。后来，我还跟连队的指导员谈了想去读书的想法，他听后也很支持，这更加增强了我的信心。每年上大学的指标由团政治部分配至武装营，营党委又将指标分配至各武装连。当时上大学的流程是个人申请（除个人申请外另要求写一篇政论性文章附上）、民主推荐、党支部决定推荐名单、营党委审定，最后由团政治部向各大专院校推荐上大学或中专的人选。1974年上半年武装一连分到二个上大学的指标和二个上中专的指标，我获悉后写了个人申请，并写了一篇政论性文章交给排长，由排长上交连党支部。当时写了个人申请的有四人，一个是司务长、两个是班长、一个是副班长。由于读书的名额涉及大学与中专两个层次，领导难以决定，连党支部经研究决定实行民主推荐，采取全连投票的方式，按得票多少确定推荐层次。经召开全连大会进行投票（当时全连战士160多人参加了投票），结果司务长得票最多排在第1名，我次之排在第2名。后经党支部研究决定、营党委审定，司务长和我入选上大学的名

额，其他二人上中专，我想读书的愿望终于如愿以偿。司务长被推荐到华东交通大学读书，毕业后分在武汉铁路局工作；我被推荐到吉林大学法律系政法专业读书。其间有一个小插曲，1974年吉林大学法律系政法专业在江西招生2人，1个名额给了上饶市，1个名额给了四团，当时四团推荐了1名优秀的女青年到吉林大学法律系政法专业（绝密）读书，上饶市也是推荐了1名女青年。吉林大学给江西省劳教局来函，希望四团推荐1名男生，这就给了我一个极好的机会，刚开始我被推荐到中南矿业学院金属物理专业读书，经团政治部研究，考虑到我在武装连工作，就将我和这个女生对调一下，这个女生被推荐到中南矿业学院金属物理专业读书，我被推荐到吉林大学法律系政法专业读书，使我成为一名法科生，走上了艰辛的探寻法治之路。

在四团武装一连工作期间，坦率地说，兵团战友中想上大学的人很少，想去读书的愿望不是很强烈，很多人都希望离开兵团后能回南昌工作，大部分人消极地等待组织安排回城工作，这就减少了相互间残酷的竞争，给了我求知学习的机会。1974年9月中旬，当我接到吉林大学法律系政法专业录取通知书的时候，心情既高兴又很惆怅，毕竟我在这里工作了四年零八个月，这一段经历对我来说也是刻骨铭心的，与连长、指导员、排长和战友结下了深厚的感情，离开了朝夕相处的领导和战友真是难以割舍。连队专门杀了一头猪为我送行，平时很严肃，对战士要求很严，但和战士的关系却很融洽，连长军事素质一流，动作标准、规范，深受战士的好评。指导员为人厚道，与人为善，善于做战士的思想政治工作，十分关心战士的成长与进步，深受战士的敬重。临行时，连长和指导员分别找我谈话，给我很大的鼓舞，嘱咐我好好学习，不要辜负了组织的培养。我之所以被推荐上大学，取决于组织多年来的培养与帮助，取决于自己多年来踏实工作的现实表现，取决于领导和战友对我工作成绩的认可，取决于民主推荐的公正的制度设计。说实在的，我很感谢那个时代，也很怀念那个时代，白天和战友们一起参加军事训练，相互切磋军事技能，互相学习与共同进步；晚上在一起学习交流，站岗巡查，生活特别有规律。我之所以感谢和怀念那个时代，是因为人与人之间的关系都很纯朴，能够友好相处，没有利益上的钩心斗角，在提拔和工作安排等方面的处理都比较公正。服从命令，听从指挥已成为战士的自觉行为。我带着连长和指导员的嘱托与期望，带着战友们的深情厚谊，带着我一定要珍惜学习机会、勤奋学习和学有所获的内心信念，终于踏上了新的征程，去圆上大学之梦，这一步对我来说实在是太有意义了，它是人生的一大转折，知识就是力量、知识改变命运将从这一刻开始起步。

三、令人留恋的大学生活

1974年9月下旬，我从南昌出发，乘坐了三天三夜的火车来到了长春，揣着录取通知书直奔吉林大学法律系报到，当年七四级招了70人，分为两个班，每个班35人，我分在七四级1班，办完报到手续后来到住地八舍，找到自己的房间和铺位，正式成为吉林大学法律系的一名学生。作为吉林大学法律系的一名学生，我感到非常自豪，而且学的是政法（绝密）专业，对外特神秘，只知道毕业后可以进政法机关，当政法干警，就业去向很明朗。

（一）记忆中的吉林大学法律系的领导及老师

入学时，记忆中的吉林大学法律系的领导及老师有：系主任赵光鉴、系党总支书记聂世基；系党总支成员许肇荣、何鹏、韩国章，工宣队李学友；办公室主任任振铎，还有李舜英、刘兴华、刘采邑；资料室的邓崇范、李全义；政法基础理论教研室的王子琳、邹广志、韩国章、李永泰、孟宪伟、吕北安、刘富起；宪法教研室的李放、李吉锡、李春福、高树异、王忠、张光博；民刑政策教研室的何鹏、李忠方、金凯、周元伯、刘兴权、石宝山、张惠兰、高格；公安业务教研室的周之源、许肇荣、于治萍、孙占茂、王坤范、马治和；政治辅导员孟宪铎、孟宪伟等。在校读书期间，师生关系特别融洽，学生来源广泛，涉及10多个省市，有在机关工作的，有来自农村的，有在政法系统工作的，有来自生产建设兵团的下放知青，等等。学员普遍年龄偏大，文化基础差异很大。老师除了在课堂上和我们交流以外，还经常到我们宿舍来唠嗑、拉家常，了解学习生活情况，师生感情很自然。在我的记忆中，经常来宿舍看望我们或聊天的有系党总支书记聂世基、李放、韩国章、张光博、许肇荣、李忠方、于治萍等老师。在这里我特别要感谢系办公室李舜英老师，她考虑到我来自江西，路途遥远，又是工人家庭，经济困难，每年春节放寒假回家系里会给我报销一次单程路费27元，给我减轻了很大的经济压力，使我每年春节放寒假都可以回家，与父母和家人团聚。这些都体现了系领导和老师对学生的人文关怀。

（二）记忆中的大学课程安排

在校读书期间，学校的师资力量比较强，记忆中给我们上课的老师有：王子琳老师讲授《国家与法的理论》，张光博老师讲授"宪法"（主要讲"五四宪法"和"七五宪法"及宪法原理），高格老师讲授"刑法"（没有刑法条文，主要讲刑事政策和苏联的刑法原理），刘富起老师讲授"中国政治法律思想史"，李忠方老师讲授"婚姻法"，王忠老师讲授"民法"（没有民法条文，主要讲民事政策和苏联的民法原理），任振铎老师讲授"刑事诉讼法"（法院立案与审理的程序规则），周元伯老师讲授"民事诉讼法"（法院立案与审理民事案件的程序规则），高树异老师讲授"国际法"，许肇荣老师讲授"刑事侦查"（包括现场勘查、技术鉴定、步法追踪等），周之源老师讲授"刑事政策"（九条方针），孙占茂老师讲授"法医学"等课程。其他上课的专业老师和讲授"英语""中共党史""政治经济学""大学语文""体育"等公共课老师的姓名已记不清了。在我眼中，他们都是水平高、特别敬业的老师。当时除了公共课有几本教材外，其他专业课都没有正式的教材，发给我们的都是油印的书稿，我们就是在这种艰难的条件和环境下开始了大学的学习与生活。在当时特定的历史条件下，由于我国法制建设刚刚起步，立法数量十分有限，除《中华人民共和国宪法》《中华人民共和国婚姻法》《中华人民共和国惩治反革命条例》《妨害国家货币治罪条例》等以外，其他法律课程学的都是刑事、民事政策和苏联的法律，《国家与法的理论》也是照搬苏联教材。即便是这样，我们仍然学得津津有味，学习热情十分高涨，学习风气和氛围特别好。

（三）记忆中的大学学习

工农兵学员最鲜明的一个特点是年龄和文化层次参差不齐，普遍存在学历低（多为初中生，高中生少），文化基础差等问题，这也成为我们珍惜时光、刻苦学习的内在动力。全班上下、课上课下，人人不甘落后，都充分利用各种时间泡图书馆、泡教室，每天晚上学习到九、十点钟才回寝室睡觉，星期天亦不例外，基本上没有休息，可以说是如饥似渴，学习氛围十分浓厚。在这里，我讲几个细节来佐证我们当时勤奋好学的状况。一是有时间我们就泡图书馆。图书馆是我们学习的主要场所，只要不上课就往图书馆跑已成为我们的习惯。图书馆学习氛围好，特别安静，借书还书方便。由于图书馆的座位资源有限，去晚了就没有座位，很多同学提前到图书馆等候，一开门就挤进去抢占座位，甚至晚上九点钟图书馆关门时有的同学将书包绑在坐椅上，第二天的座位就有保障了。当然，偶尔也会出现因抢占座位和其他系的学生发生冲突的事。星期天图书馆不开门，我们就约上几个同学跑到学校理化楼的阶梯教室去看书学习，那里也特别安静，去得人也很少。上大学的任务就是读书学习，我们十分享受学习知识的乐趣，几乎整个时间都扑在学习上；偶尔也会利用星期天的时间给自己放松一下，邀上几个同学去市区逛书店，看到好书也会买上几本，我喜欢买书的习惯就是从这里培育而养成的。二是课堂教学中的师生互动。在课堂教学中，一方面我们认真听取老师的讲解，做好学习笔记，另一方面不懂的地方可以向老师当面求教，师生之间经常地进行互动，从而加深对所学内容的理解。那个时候，我们的师生关系特别融洽，老师对学生特别友好，有求必应、有问必答，学生感觉老师很亲切，很喜欢跟老师在一起交流，老师跟学生打成一片，没有隔阂，大学学习生活很愉快，真是令人难忘。至今我还很留恋那一段学习生活，老师们教书育人的形象给我们留下了深刻的印象，像张光博老师、高树异老师、高格老师、李放老师、孙占茂老师、许肇荣老师等课堂上的风采至今令人难忘，这些老师的课讲得好，确实是高水平，听他们讲课是一种享受，我们特别爱听。孙占茂老师在讲"法医学"课程时，带我们去长春市公安局法医室现场观看尸体解剖，使我们对"法医学"课程有了直观的认识。许肇荣老师给我们讲授"现场勘查"课程，学习了一个多月的课堂教学我们似懂非懂，但他分别设计了一个故意杀人案件的现场和盗窃案件的现场，边勘查边讲解，然后又设计模拟犯罪现场，让学生自己去勘查体验，这一下子使我们顿悟，明白了很多。所以，老师的教学应当理论联系实践，通过实践去领悟理论，学生容易理解，教学效果好。三是学习马克思主义的经典著作。在大学读书期间主要是学习马克思主义的经典著作，这是由政法专业的性质决定的，政法专业的培养目标是为政法机关培养人才，讲政治是首要的，当时的教育主题是无产阶级专政的理论与实践，在坚持无产阶级专政下的继续革命和批儒评法的历史氛围下，全班上下掀起了学习马克思主义经典著作的热潮，我当时通读了四卷本的《马克思恩格斯选集》《列宁选集》和《毛泽东选集》，主要结合专业特点关注政治与法的理论。重点研读了《共产党宣言》《反杜林论》《哥达纲领批判》《法兰西内战》《家庭私有制和国家的起源》《国家与革命》等经典文献。晦涩难懂的经典文献在老师的细腻讲解和点拨下，使我们有了一些初浅的理解与认知。这是我第一次接触和学习马克思主义的经典著作，为了理解马克思主义的经典著作，我查找了相关的辅导资料以及《马克思传》《恩格斯传》《列宁传》等进行学习与体悟，同时，也查阅了一些哲学、政治学和历史上法家代表人物的经典著作，做了大量的摘录和读书笔记，似懂非懂地进行了一次理论启蒙，获益匪浅。四是为了结合经典文献的学习理解，相互启发与相互帮助，自发组成了学习小组，同学聚在一起交流学习心得体会。集体学习之前事先确定一个主题，然后有针对性地进行准备，聚在一起时，每个同学谈自己的学习心得体会，有探讨、有争论，相互启发、共同提高。同时，学习形式多样化，有时会指定一人作主题发言，其他同学进行补充，集思广益，这种集体学习方式效果好，令人受益匪浅。五是在校期间还参加了学工、学农、到公安机关见习等活动。学工是到长春市铁路局见习；学农是到吉林省的怀德县刘房子村与贫下中农打成一片，睡土炕，吃饭由村委会安排，每家派饭，我对吃小米粥和贴在锅里的大饼子印象特深，挺香的，农村生活很艰苦，最好的生活享受是葱炒鸡蛋，没有肉吃，白天干农活，晚上和贫下中农一起进行"批林批孔"的宣讲学习；到公安机关见习，我当时是分在长春市公安局宽城分局刑侦大队见习，在侦查员的带领下参与侦查破案工作，主要的任务是在侦查员审讯时担任记录员，还在长春市公安局二处帮助整理档案资料。参加学工、学农、到公安机关见习等活动时间都不长，每次活动大约一两个月左右，基本能初步了解工厂、农村和公安机关的办案程序等实际情况，体验生活。

（四）记忆中的七四级1班

吉林大学法律系政法专业七四级1班有35名同学，分别来自北京、上海、天津、吉林、辽宁、黑龙江、内蒙古、河南、山东、甘肃、江苏、湖北、江西等10多个省市。班委会成员有班长候宝山、副班长魏长山、党支部书记谭维霞、团支部书记张文显等人，同时还设立了校系学生会、团总支等学生团体。同学中大部分是党员，少数的是团员，班下面设了三个组，我所在的组长是周玉华，在我印象中班上的男同学明显多于女同学。七四级1班是一个团结和谐的集体，尽管同学们来自五湖四海，但不管你是来自农村抑或城市，相聚就是缘，大家为了一个共同的目标走到一起，都很珍惜同学的情分。三年寒窗，相处不易。班长候宝山是北京知青，成熟稳重，学习工作率先垂范，像大哥一样关心帮助每一个同学，为人谦逊，在班级中起到了核心作用，令人尊重；副班长魏长山是内蒙古知青，大大咧咧、心直口快、为人仗义，深受同学好评；党支部书记谭维霞是吉林本地人，工作经验丰富、为人直率稳重、很有亲和力，与同学相处融洽，同学们都很尊重她；团支部书记张文显是来自河南省南阳地委的通讯员，在班上出类拔萃，他理论功底扎实、看问题深刻、思考问题理性、视野宽广，学习特别用功和勤奋，很有才华与思想，明显高人一筹，深受同学们钦佩，他河南口音很重，字写得漂亮，是同学们学习的楷模；组长周玉华是来自山东农村的知青，文化基础扎实，学习特别用功和勤奋，为人朴实厚道，勤于思考，敢于设问质疑，善于逆向思维，学术问题很有见解，同学都很喜欢跟他交流，他人际关系融洽，深得同学的敬佩；团支部委员崔卓兰是吉林长春人，学习特别刻苦勤奋，好学聪慧，学习成绩优异，是同学们学习的榜样。在校读书期间，我和来自河南郑州的傅和平与来自湖北襄樊的农村知青刘高生接触比较多，我们三人同一寝室，都睡在上铺，头脚相碰，傅和平来自干部家庭，为人低调平和，多才多艺；刘高生来自农村，朴实敦厚，心地善良，我们常一起泡图书馆和理化楼的阶梯教室，一起学习与研讨问题，三年相处关系很和谐，始终能友好相处。坦率地说，三年光阴没有虚度，我个仅从老师那里学到了很多知识，打下了一个良好的基础，而且也从同学身上学到了很多人性中的优良品质，是我走上工作岗位后不断进步的精神资源。

（五）记忆中的大学生活

20世纪70年代初期，由于物质匮乏，物资供应十分紧张，人们生活条件比较艰苦。在大学学习期间，生活采取免费定量供给制，实行早、中、晚餐票制，每个学生每月35斤定量，其中8斤细粮（包括馒头、大米、面条等），27斤粗粮（包括玉米、高粱米和窝窝头），如果学生不够吃，可以自费购买粗粮。每月35斤定量，女生基本上可以满足生活需求，男生大部分不够吃，我每月需自费购买10斤左右的粗粮才能满足生活需求。北方的生活跟南方的生活差异很大，对于吃惯了大米的南方人来说，刚开始吃馒头和窝窝头很不习惯，与南方的馒头松、软相比，北方的馒头紧、硬且有韧性，吃起来很费力；而玉米饭、高粱米饭和窝窝头却更难以下咽，吃一个窝窝头下去都很吃力，不吃饿得难受，但时间一久慢慢地也就适应了。我那时年轻，饭量大、特别能吃，菜里又没有什么油水，都是大锅水煮的，基本上见不到肉，早餐是两个馒头（计划供应中的8斤细粮主要用于早餐消费），中午和晚上每顿可以吃3个窝窝头（窝窝头二两一个）。长春天寒地冻，猪肉冻得跟石头一样硬，要用锄刀才能切开，一般家用的菜刀根本砍不动。印象最深的美食是猪肉炖粉条，能够吃上一顿大米饭和一份猪肉炖粉条对我来说那是最奢侈的生活。

外地来的同学最盼望过传统节日，如端午节、中秋节等重要节日，遇有传统节日学校要放一至两天的假，吉林本地的同学要回家去过节，我们留下来的同学就去收集饭票，按惯例遇有传统节日学校也会改善生活，印象中令人难忘的最惬意和最过瘾的一次是一顿吃了3份大米饭（一斤二两）和3份猪肉炖粉条，没想到自己这么能吃，太有战斗力了，这也是我饮食中的最高纪录，已经接近了极限。有幸吃到东北名菜猪肉炖粉条和油光锃亮的大米真是一种美食享受，至今令人难以忘怀。

大学生活是人生中最美好的时光，人很单纯，无忧无虑，基本上没有什么牵挂，只有一个目标任务就是学习，即享受知识和消费知识，生活很有规律。我很留恋和怀念那个时代，尽管学得专业知识是有限的，但老师很敬业，毫不保留地传授知识与技能，对我们进行了宪法和法律知识与法治理论的启蒙，为我们今后的成长与进步奠定了初步的基础。尽管我们的午龄和文化层次存在着明显的差异，但同学之间感情深厚，相互扶助，像兄弟姐妹一样生活在一个和谐友好的大家庭，师生之情、同学之谊弥足珍贵。尽管当时的物质生活条件很艰苦，但吃的东西都是原生态的绿色食品，没有食品安全风险之忧。感谢大学生活，它使我圆了大学梦，感悟到了知识的力量，知识能够改变命运，为我毕业后从事法学教育工作奠定了良好的基础。

四、阴差阳错成全了我的教师梦

人生就是一个大舞台，每个人都要在其中扮演某一个角色，有的角色是自己选择的，有的角色则是被动安排的，有的角色是阴差阳错促成的。我进入教师队伍担任教师的角色，应该属于阴差阳错促成的，因为我从来都没有想过这一生要从事教师职业，在我心目中，教师职业是十分神圣的职业，像我这样一个刚刚毕业的大学生怎么能承担或胜任教师岗位的要求，事实上我想都不敢想能担当教师的角色，我担任教师的角色完全是被动的。1977年8月下旬，我从吉林大学法律系毕业后分配到江西省公安厅，到政治部报到时干部科廖科长和团委迟书记接待我，明确告知我，我的工作岗位是分到省公安厅预审处工作，让我回去休息一周来上班。休息一周后到省公安厅政治部干部科报到时，廖科长和迟书记就告诉我，你的工作岗位要作一个调整，要我到江西政法干校去当老师，那里缺师资。其原因是当年和我同分配到省公安厅报到的还有一个是北京大学法律系的毕业生，当时组织研究的情况，北京大学法律系毕业的到江西政法干校当老师，我分到省公安厅预审处工作。这个北京大学法律系的毕业生不愿去江西政法干校当老师，找了一个身体不好的理由就将我的工作岗位与他调换，我分到江西政法干校当老师，他留在省公安厅预审处工作。事实上是由于社会不正之风拉关系、走后门把我从省公安厅预审处的岗位推到了江西政法干校，使我成为一名光荣的人民教师。那个年代人很单纯，完全听从组织的安排，毫无怨言，当时流行的观念是"革命战士一块砖，哪里需要哪里搬"，党叫干啥就干啥。从历史发展的眼光来看，我内心应感谢他的"成全"。大学毕业后正式步入教师行业，成为一名公安政法院校的教师，承担"传道、授业、解惑"之责，在教师岗位一干就是四十年，个中甜酸苦辣只有自己才能体悟。在从教生涯中，也碰到过是否坚守教师岗位的抉择，记得1985年江西省法学会刚成立不久，急需引进人才，当时主持省法学会工作的常务副会长邱健找我谈话要调我到省法学会工作，担任副秘书长（副处级）主持日常工作，直接由省政法委出面办理调动手续，给我两天考虑时间。我已从教八个年头，已经熟悉了教学工作流程，喜欢上了教师岗位，为此，稍做考虑，我婉言谢绝了去省法学会工作的机会。20世纪90年代初出现了"孔雀东南飞"现象，学校大批骨干教师纷纷调往广东工作，有的在公安院校工作，有的在公安机关工作；广东省作为我国改革开放的前沿阵地，急需引进大量人才，其待遇和发展机遇比江西好，即使在这种情况下我也不为所动，继续留守在红土地上履行好教书育人的职责。在人生的舞台上，不论你担任何种社会角色，你只要尽职尽责、尽心尽力和脚踏实地做好分内的工作，才能做到问心无愧。"板凳甘坐十年冷"，当教师就要沉得下心来，耐得住寂寞，要潜心学习与研究，打好学术研究的根基，着眼于长远发展，厚积而薄发。客观地说，我当初选择教师职业。并不是自己的主动选择，而是组织分配的工作，但我很喜欢这一被动选择，如果现在要我重新选择，我还会毫不犹豫地选择教师职业。我经常想，我这一生最幸福的事是选对了职业，对教师这个职业的执着与坚守，丝毫没有动摇过，我的信念是终生从教，无怨无悔。一个人有了坚定的信念，便有了自己的精神家园，无论面临何种逆境都不会迷惘与消沉，因为他知道自己的方向在哪里，路应该怎么走，有自己心中的内在定力。

吉林大学法律系（政法专业）七四级学生　邓国良

2020年11月6日

回想在吉大图书馆的读书时光

毛本源

作者简介：

毛本源，男，1949年9月出生于江西省新建县的一个贫困农村。1969年7月应征入伍，服役于江西省南昌市消防营，历任战士、文书、班长、排长、农场管理员。1973年9月入学于吉林大学法律系政法专业读书。期间任副班长、校学生会常委、生活部部长。1976年7月毕业后分配于南昌市公安局工作。先后任市公安局团委书记，派出所副所长、所长，西湖区公安分局副局长、局长，市公安局户政处副处长，治安大队政委，治安处处长，市公安局副局长，市警校副校长。1999年3月调任市质量监督局副局长，2001年12月调任市司法局副局长兼市劳教所政委。2009年9月退休。

昨夜，我又回到了梦牵魂绕的地方——吉林大学图书馆幽静的阅览室，沉浸在知识的海洋，回味着书中美妙的芳香……虽然时间已经过去40多年，斯情斯景仍然不时在我的脑海中浮现。

1973年，经组织推荐和考核，我成为吉林大学法律系的一名学员，实现了从军人到大学生的转变。回想起当时的心情，那是既高兴又担心：高兴的是，我们这一代人，因为"文革"失去了上大学的机会，但现在终于有机会上大学了。同时，让我担心的是，我仅有初中的文化基础，能不能跟上同学们的学习步伐，能不能顺利完成大学学业呢？

由于吉林大学法律系七三级同学的文化程度参差不齐，学校为了制定更有针对性的教学计划，开学后对我们进行了一次摸底测验，我记得当时的作文题目是《我为革命上大学》。考试时间快要到了，班上大部分同学都提前交了卷，可我不知道怎么组织自己的语言去完成一篇文章，开了个头就无法继续写下去。为难之际，我临时抓了一张报纸，参照上面的相关文章，七拼八凑抄了一大段，才算勉强写完交卷。这次测验，显露出我知识的贫乏和写作能力的欠缺，对此我真是心急如焚。

"读书破万卷，下笔如有神。"能驾轻就熟地写好文章，就得沉下心多读书，这是无数前人的切身体验。我暗下决心，一定要努力把"文化大革命"耽误的学业补回来。当时我们每天上午都有课，下午和晚上的时间可以自由支配，但学习法律知识仅仅阅读油印讲义教材是远远不够的，要想进一步拓展知识面，需要阅读更多的参考书籍，这样才能打开更广阔的知识殿堂。

在对知识的无限渴望中，我第一次走进了吉林大学图书馆，一进门就看见宽敞明亮的阅览室里座无虚席，同学们都悄声不语、静静地看书；一排排书架上，摆满了各种各样的书籍，整整齐齐、琳琅满目。我瞬间就被这静谧且庄严的学习气氛所吸引和震撼，并从此与图书馆结下了不解之缘。吉林大学图书馆的藏书非常丰富，国内外政治、历史、经济、法律等方面的书籍应有尽有。我了解到当时"专用图书馆"的藏书量还位居全国高校第六位。因为太喜欢这里安静的学习环境和浓厚的学习氛围，我在吉大三年，除了到外地实习，几乎每天都在图书馆里度过，看了不少专业参考书，也看了不少业余读物，对书中的案例、典故及好词好句，我都会认真地做笔记。有时候一个人静悄悄地看书，沉浸于书中的观点、情节或故事，常常会忘了时间。

有一天下午，我在图书馆看《中国历代法治作品选》。开始只是觉得阅览室像往常一样坐满了人，但不知什么时候，似乎旁边的人都走光了，整个阅览大厅里只剩下几个人。又不知过了多久，阅览里又重新坐满了人，我奇怪地问旁边的一位同学："你们刚刚都上哪去了？"他惊讶地望着我说："我们回去吃饭了啊。"我这才恍然大悟，一看手表，已经是晚上7点多钟了。那一天我没吃晚饭，当时学校周边没有一家餐馆，所以回到宿舍只能匆匆塞了几块饼干垫巴了一下肚子。

还有一次晚上下着小雪，我去图书馆看书。闭馆的铃声响后，大部分同学都陆续离开，因为一心看书，我没有听到铃声。大约十点半时，图书馆的工作人员来到我身边催促我离开，我才无可奈何地离开了图书馆。走出图书馆大门，外面大雪纷飞，我一边顶着风雪前行，一边脑海里还在回放着书中的情节。突然，我在结冰的路面一个趔趄，重重摔倒在地，刚想站起来，另一只脚又打滑，结结实实摔了两跤！由于身体失去平衡，把右手给扭伤了，坐在地上半个小时都起不来。寒风雪夜，路上几乎看不见行人，好不容易强忍着疼痛爬了起来，一瘸一拐地回到宿舍。大多数同学都已经进入梦乡，我借着窗户外微弱的灯光，轻轻地拉开被子，脸也没洗就睡觉了。

去图书馆的日子有好多辛苦事，但苦和乐总是相随相伴的。可以这么说，图书馆是我大学三年生活的良师益友，是它重新扬起了我生活的风帆，让我接触了许多过去从未读过的书籍。莎士比亚曾经说过："书籍是良药，能治愚昧无知；书籍是阳光，能照亮我们前进的方向；书籍是航船，能够载我们达到人生成功的彼岸。"吉大图书馆带给我无数珍贵的回忆，它使我深深地体会到读书的美妙和快乐，同时也对我顺利完成学业以及后来做好本职工作，打下了坚实的基础。

毛本源为本书撰写文章的手稿

圆梦大学三部曲

余定芳

作者简介:

余定芳，1976年毕业于吉林大学法律系政法专业，1980年9月在北京中央政法干部学校第四期刑法学习班培训四个月。1976年9月在江西省宜春行署公安处预审科任科员，1979年调江西省人民检察院宜春分院任检察员，2000年在宜春市检察院任刑事检察处任副处长，后任监所检察处处长，副县级检察员，三级高级检察官。在工作期间记三等功一次，先进工作者十多次。并被江西省宜春学院聘用为客座副教授。2011年退休。

少年时代，人人都有大学梦，我也做过大学梦，当然，也仅仅是梦想而已。20世纪70年代初，我还是铜鼓县建筑公司的一个泥水钢筋工人，只有初中文化，不是我不想读书，而是"文革"停课了，根本就没有书读。有时候想上大学，自己都会嘲笑自己："你白日做梦吧！一个中学生还想上大学？除非祖坟冒青烟了！"然而，谁也想不到的是，奇迹真的发生了，1973年，幸运之神突然降临到我的身边。

———

那是一个普通的夏天，窗外蝉声不断，我在公司做钢筋工作，敲敲打打，汗流浃背，休息的时候，我拿起一张报纸，突然看到一则消息，中央决定从1973年开始，在工厂、农村、部队招收有实践经验的工农兵学员上大学。对此，我眼睛发亮，全身热血沸腾，好像我马上就是工农兵学员了。我丢下做工的榔头，来到公司办公室，找到崔书记说："书记，我想报名上大学！"崔书记正在一边喝茶一边看报纸。被我突如其来的一句话搞得莫名其妙："什么？什么？你上大学，上哪里的大学？"当时全国大学停止招生都有七年了，大多数人对大学这个概念都淡忘了，现在突然提起上大学，难怪书记摸不着头脑。我连忙将报纸上看到的消息给书记看。他放下茶杯说："哦！是这么回事啊，好，好，上大学是好事啊！"我说："那我就报名了！"书记问说："报名？在哪里报名？"我也给问住了，虽然我感觉到书记是一个大人物，但他毕竟是一个县里公司的经理兼书记，还不至于管得到大学招生，我笑着说："书记，你帮我问问看嘛！"书记一口答应说："好，好，我问问看。"说完脸上露出了一种奇怪的笑容，我心想他心里肯定在说："癞蛤蟆想吃天鹅肉——做梦去！"

回来后我想，我们国家这么大，大部分人都是工农兵，就算是三十岁以下的年轻人也有好几千万吧，怎么就能轮到我上大学呢？于是上大学的理想之火，慢慢地又熄灭了。

想不到的是，过几天传来了新的消息。崔书记对我说，他到县文教局问一下情况："县里是有十几个大学指标，但都是给农村的知识青年的，他们在农村，比你们更辛苦。"我说："这不公平，我也下放过，做过知识青年，现在在县里做工人，可以说农村、工厂我都沾边，怎么就不能报考呢？"书记说："小余说得有道理，我再去说说看。"这一次，我从心里感谢他，以前，我还以为他会糊弄我，想不到他真去问过了。

几天后，事情又有了新的转机。崔书记告诉我，县里也有不少单位到招生办提意见，说县城有300多个知识青年，也应该有考大学的指标。后来，经过县委、县政府研究，真的给县城知识青年六个大学生指标。这一下，我心里的理想之火焰又霍地燃起来了。书记又说了，县里给我们单位一个报考的指标，也就是说一个大学生的指标，有四个考试指标，拿到考试指标，并不等于拿到了录取指标，要录取指标必须要胜过其他三个考试的指标。指标！指标！我又被说蒙了，刚刚燃起的希望之火，一下子被浇灭了一半。

我真的有希望吗？接下来，就是推荐参加考试的对象。没想到的是，单位摸底，我们一个小小的公司，60多人当中竟然也有6个人具备参加考试的资格，先由班组推荐，再到单位开大会公开投票推荐。谢天谢地，由于我平时工作勤快，做人憨厚老实，很快班组就同意推荐我。后来拿到公司大会上推荐，我又非常荣幸地比第二名多两票，从而一举成功。

接着，又发生了一件奇怪的事情。我开始填写报名表，因为我干的本行是水泥钢筋，我也不知道有些什么大学、什么专业，只知道有个同济大学是理工科类，我在专业一栏上填写了"土木建筑"，就送到招生办。第二天，报名表被退了回来，上面人说不行，我们县里没有这个指标，你只能填"政法专业"，我就问是什么大学？经办人说不知道，我又问政法专业是干嘛的？他又说不知道。我又一次搞蒙了，考大学，不知道什么大学，什么专业，这叫什么事？不管他，只要能上大学就行，何况政法专业这个名称挺神秘的，也许将来可以做个法官也不一定呢！

二

一切顺风顺水，艳阳高照，单等参加考试了。这年大学考试就考两门，上午考语文，下午考数学。我听说许多考生，都请假在家里复习，可是我可怜哦，家里七八个兄弟姐妹，穷得叮当响，要是请假，就算领导同意，起码也要扣工资，我当然舍不得。我一个月的工资35元，除了养活自己，还可以接济家里一半呢！于是，我白天上班，晚上复习，好在我初中数学基础比较好，复习起来进展很快。但是复习语文我就为难了，中华文化几千年，我不知道从何下手，就说那些文言文吧，我看也看不懂。所以我就看了几篇范文，背了几首古诗，就准备考试了。

7月下旬的一天，我妈妈早早地为我煮了一碗面加两个蛋，面条是一竖，两个蛋是零，加起来就是100分。带着妈妈的美好祝愿，我来到了铜鼓中学参加考试。考试开始了，果然比在中学考试严格多了，几个考官来回巡视，搞得我们内心十分紧张，打开卷子一看，有的会做，有的根本就看不懂，我也就是连做带蒙，按时交卷了。中午我又复习了数学，下午参加的考试也是连写带蒙，做完以后，看看我自己写的字，歪歪扭扭的，很是不满意，这使我很后悔，平时没有好好练字，没办法，只能就这样交卷了。但是考试结果如何呢？只有天知道，事实上一直到今天，我也不知道自己考了多少分。

考试结束后，我心里如释重负，轻松了许多，接下来只有耐心等待了。可是一想到领导和同事们的期望，我心里又有很大的压力，他们如此信任我，推荐我参加考试，如果落选了，那不羞死人吗？于是，我使劲地安慰自己，4：1的录取考试总是要有人落榜，反正，也不是我一个人，还是听天由命吧。

三

一天又一天，我在煎熬中等待，却一直杳无音信，就像没有考试这么回事。我又慢慢回到了现实生活中来，理想的火焰慢慢地又要熄灭了。我也感觉到，好像做了一个考试的梦，那张报名表上写的"政法专业"，越来越模糊淡化，越来越远去了。

一天下午，我正在工地施工，一个从县里办事回来的同事望着我说："哦，我差点忘了，公司收发室有你一封信，叫你赶快去拿。"我说："什么信呀？"那个人说，我也不知道，好像是什么学校的，也许是你老师的信吧！我心里纳闷，我都初中毕业好几年了，哪还有什么老师的信呢？到这时，我也没敢往大学录取这方面想。下班后，我来到公司收发室，拿到这封信，只见信封下面落款是"吉林大学招生办"，我急切地打开信封，抽出一张信函，只见到上面写着："吉林大学录取通知书"。这时我心开始剧烈抖动起来，脑袋都晕了，我真想大声地喊叫："我被录取了！我要上大学啦！"

我晕晕地、像踩着棉花般地来到书记的办公室，报告了此事，书记很高兴，连说："哈哈！不错，不错，小余你真行啊！"我连忙说："谢谢书记的培养，要不是书记这么热心，我哪有今天呢！"这句看似客套话，其实，真的是我的肺腑之言，在县里，我家是穷工人，要不是单位推荐，我哪有今天啊！

几天后，公司破例为我举行了隆重的告别宴会，单位60多个人全部参加了。大家共同举杯，祝贺我成为一名光荣的大学生。书记发表简短的致辞，要公司的同志们向我学习。那天我喝多了，晕乎乎地都不知道怎么回家的。

遗憾的是，人穷志短，这么大的喜事降临，我反而高兴不起来，我关心的另外一件大事，大学三年，生活费从何而来？按照规定，工农兵学员有两种，一种是可以带工资，一种是不带工资，不带工资的，由学校发15.5元的伙食费，另外发4块钱的零用钱，可是我已经满五年的工龄，按政策我可以带工资，但是我们单位是自负盈亏的，领导会发给我工资吗？

带着这个问题，我怀着忐忑的心情，再次来到书记办公室，一脸羞愧，提出了这个要求，不料书记淡淡地说："这个要求很难满足你，那你上大学本来就让我们公司少了一个得力的技工，如果你不上班，还要拿工资，就是我同意，可能公司其他的领导和工人也不会答应的。你知道我们单位自收自支，这么大的开支从何而来？小余啊，希望你能理解我们公司的难处啊！"我无话可说，我也想过，这个要求真的是过分了，于是我连连点头说："好好，理解理解，谢谢书记！"

四

让我没想到的事，背后还发生了一件更大的事情。几天后，我见到江西来招生的吉林大学法律系的李老师。他告诉了我一件事情，更是让我大吃一惊。

原来这次考试结果，我是这个考试指标的第二名，第一名是另外一名28岁的女学生。更重要的是，她爸爸是一个八级领导干部，是某军区的一个副司令，按照正常情况，无论如何也轮不到我被录取。谁知道幸运之神再次光顾我身边，那名女学生的爸爸和林彪事件有些联系，中央正在审查。事关重大，学校按照规定依照顺序录取第二名，这才使我好梦成真。

回首往事，令人唏嘘不已。我从无缘报名，到投票推荐成功，再到录取，走完圆梦大学的三部曲，开始了我人生道路的一个重大转折。对待工农兵大学生这一特殊群体，虽然存在各种争议，但是，从基层招录学员比长期停止招生还是一个很大的进步，何况绝大部分学员日后都成为各行各业人才的主要来源，他们都为国家的发展做出了重要贡献。我作为工农兵学员，本身的确是那个时代的受益者，应该感谢那个特殊年代还有一丝阳光对我们的照耀。大学毕业后，我分配到江西宜春行政公署公安处工作，后来到市检察院工作，一直干到处级位置退休。期间，我也几次去拜访过去的几位老领导和同事，特别是那位对我可以说是恩重如山的崔书记。亲爱的领导和工友们！正是你们圆了我的大学之梦，我将永远铭记在心！

怀念在老师家"蹭"饭的日子

张惠玉

作者简介：

张惠玉，1950年11月份出生。1968年参加工作，1971年加入中国共产党。1973年参加考试，进入吉林大学法律系学习。1976年毕业后回到江西省南昌市，进入南昌市西湖公安分局工作，1979年检察院恢复调入南昌市西湖区人民检察院工作。历任检察员、政工科长、副检察长。1995年调南昌市西湖区人民法院任副院长，至2005年退休。

三年的大学生活，在漫漫人生旅途中，说长不长，说短也不短。虽然已过去四十余载，但很多往事仍历历在目，难以忘怀。

1973年的秋季，我们来自吉林、贵州、江西三个省的36名同学走进了吉林大学法律系。那可是"文革"后全国法律系的第一届招生。当时法律系有个特点，就是学生少，教师多，整个法律系只有36名学生，而老师就有37位，差不多一个老师可以带一位学生。所以，我们学生和老师的关系都很密切。系领导和老师和蔼可亲，他们经常到寝室里来看望我们，我们有时候也会登门拜访看望老师。

在和老师来往当中，我与李放老师和他的夫人黄老师走得最近，为什么呢？因为，李放老师的夫人是江西赣州人，她听说我们是江西来的格外亲切。

那个时候，我们怀着美好的向往，来到这所全国著名的大学，当然非常高兴，但是随之而来的一个大问题就是生活饮食不适应。七十年代初，那是个物资匮乏的年代，东北的主食绝大部分是五谷杂粮，如玉米、高粱、小米、玉米面，还有一些叫不上名的。我们南方的同学别说是吃，有的连见都没见过。菜肴大多是大白菜、土豆、大萝卜，基本是炖菜，汤汤水水的。每月35斤定量，只有8斤细粮，所以一个星期只有两顿午餐是细粮，一顿是白米饭，一顿是白面馒头，其他全是杂粮。这对我们初到东北来的南方同学来说肯定是不习惯。我们同学中大部分享受供给制，每月发15元5角饭票，平均每天只有五毛钱的伙食费，饭菜的质量是可想而知的，有时候一个星期也吃不到几片肉。在学校，你就是有钱也买不到细粮，买不到荤菜，所以有些口袋里有零钱的同学，周末会到街上去打点牙祭。

师母黄老师是江西人，得知有江西来的学生，立即和李放老师来宿舍看望我们，让我们感觉到他乡遇亲人的喜悦。师母深知我们初到东北饮食不习惯，每到周末就让儿子李雁或女儿元元到我们宿舍来叫我们去她家吃饭。有时候师母会亲自跑来邀请我们。这样一来李老师家就成为我们经常"蹭"饭的"饭馆"啦。在那个年代李放老师的家非常狭小，只有两个小间，厨房还是共用的，但是显得整洁温馨，小小的空间堆满书籍，屋内绽放着李老师最喜欢的君子兰。那时候粮米都是定量的，副食凭票，去粮店买粮得带五六个布袋，细粮却少得可怜。黄老师那时在一家菜场工作，购买一些副食比别人便利一些，但他们家那些细粮和副食几乎都成了我们的腹中美食。

刚开始我们还有些不好意思，毕竟老师家也不宽裕。可李放老师和黄老师把我们当作自家孩子一样，时间一长李老师家就像我们自己家一样，我们去了无拘无束，大块吃肉，大碗吃酸菜粉条炖肉，韭黄炒鸡蛋更是顶级美味，小小的屋子里充满了欢声笑语。有一年冬天，室外大雪纷飞，零下20多度，我们在李老师家吃着热气腾腾的火锅，让我们一解乡愁，忘记了这是千里之外的东北。这种景象，让我们久久难以忘怀。

李放老师狭小温馨的家，不仅是我们改善生活的"饭馆"，更是我们接受知识的小课堂。那时课程有限，课本缺少，但老师渊博的学识无疑是我们取之不尽的精神食粮来源。他经常耐心地、深入浅出地讲解一些书本上和书本以外的知识，让我们受益匪浅。

40多年过去了，每想起这些往事，都让我们感到心情激动。长期以来，我也一直和李老师黄老师保持着联系，每逢过年过节，我也会电话问候。这些年我也到过两次长春，看望老师。有幸的是李老师全家也曾经来过南昌一次，我们久别重逢，像多年不见的亲人团聚一样，异常高兴。如今李老师89岁高寿，黄老师也85岁高寿了，晚年生活都很美满。对老师的情意我们无以回报，祝愿老师和师母健康长寿，颐养天年！

难忘的大学生活往事

罗黔生

作者简介：

罗黔生，男，1952年9月生，汉族，山东单县人。吉林大学法律系法律专业毕业，1968年12月参加工作，1975年3月加入中国共产党。历任遵义地区桐梓县龙里公社知青，安顺地区镇宁县水塘公社知青，地区公安局工作员、副科长，地委办公室秘书、副主任，地委副秘书长，地委副秘书长（正县级），安顺地区行署公安处处长、党委书记，安顺市公安局局长、党委书记，黔西南州委常委、政法委书记。

往事虽然久远，情景却历历在目，那是一段刻骨铭心的经历，那是我人生经历的一个重要里程碑。1973年，吉林大学法律系恢复了中断十几年的招生，我有幸成为法律系36名学员中的一员。三年的大学生活，使我学到了许多知识，学会了很多人生的经验，虽然离开学校已经41年了，与老师同学也很少见面，尤其是吉林省和江西省的很多同学，一直没有机会见面，但是在学校学到的知识，特别是向老师和同学学到的好思想、好作风和学习方法、待人处事的经验，使我终身受益。今年几个热心的同学创办了吉大校友微信群，在群里大家畅谈当年，共叙友谊，这也勾起了我很多美好的回忆，在这里，我说说其中几件生活的趣事吧。

一、难忘的北京之夜

1973年9月下旬，我接到吉林大学法律系的录取通知书后，告别了安顺地区公安处的同志们，和另外一位幸运者——地区中级人民法院的陈廷福同学一起，在安顺火车站托运了行李，一人背着一个黄挎包，踏上了北上的火车。第三天下午，火车到达了北京火车站，我俩出站办理了火车中转车票，车是第二天早晨开的，看来要在北京住一夜了。我们走出车站，沿着大街一路找地方住宿，走了好远，到了几家招待所，都要有单位的证明才能住宿，而我们没带什么证明，这时候天已经黑下来了，几天的旅途疲劳，又走了那么多路，太累了，怎么办？我们一商量，干脆回车站过夜，还省下了住宿费呢！回到车站转了一圈，还是没有合适的地方休息。这时，陈廷福就说找一个饭馆喝酒去，可以喝酒，又可以消磨时间。正巧北京站旁边就有一家日夜经营的餐馆，我们找了个角落坐下来，点了几个小菜，要了两碗服务员推荐的北京啤酒。我们从来没有喝过啤酒，在安顺也很少看见。尝尝看吧，第一口下去，我们都皱起了眉头，不禁喊了起来，这是什么东西呀？后来常听有人骂谁喝酒喝多了是"灌马尿多了"，马尿是不是这味道不知道，谁也没有喝过，但初次喝啤酒味道真让人受不了。我俩那夜聊了很多单位上的趣事，展望美好的未来，不知不觉聊到了天亮，但那碗啤酒还剩下了半碗没喝下去。后来因为学校食堂的伙食比较差，一到周末我们就到街上改善一下，才发现长春人是那么喜欢喝啤酒，凡是餐馆小吃店都有生啤酒卖，一角钱一大碗，喝的人挺多，一来二去，我就爱上了喝啤酒，到中年以后，把肚子喝成了"啤酒肚"。

二、七舍地震

1976年7月唐山发生大地震，长春也有震感。几天后，一些伤员陆续送到长春救治，同学们到火车站参加了几次运转伤员，惨状真是触目惊心，让人难忘。有一天晚上，大家正在睡觉，忽然，三楼四楼传来隆隆的脚步声，又听到喊声"地震啦"。其实，当天长春并没有地震，一天后，才知道喊地震的起因是四楼一女同学上厕所，看到女厕所有一男生便喊叫起来，那人被发现后，拔腿逃跑，四楼听见喊叫的同学都来追赶，三楼听到喊声的同学也跑出来了，一时间，喊叫声、跑步声四起，有人以为真的是地震了，便跟着大声呼叫。我听到喊声，也以为是地震了，一骨碌从床上坐起来，手一撑，就伸到窗台上，左脚一蹬，就从二楼跳了下去。我们107舍在二楼，一楼是食堂和锅炉房。我们房间靠墙排放着五张床，我睡在靠右边窗的上铺，下铺是李诗才，靠右边窗下铺是陈志烈，旁边的下铺是陈正强。当时学校，刚好在窗户外面挖了一个大坑，三米多深，三四米宽。因为是夏天，我们107舍的窗户都不关，我顺利地跳了下去，正要站起来时，陈正强从右边的窗户也跳了下来，正好踩到我的肩膀上，只见他往前一个翻滚就爬了起来。接着，又听到一声闷响，转身一看是陈志烈也跳到了深坑里了。怎么上去呢？我真替他捏了把汗。人的力量在紧要关头却是不可思议的大，只见陈志烈像一只壁虎，手抓脚蹬，三下两下就爬了上去了。我和陈正强，正在问陈志烈伤着没有？这时李诗才也跳了下来，他抱着被子问："你们没带行李呀？"这段惊心动魄的经历，每每想起，就要独自笑上一阵，有一次贵州同学聚会时提起，笑得大家都喘不过气来。

三、体验东北农村生活

在学校期间，共有两次到农村体验生活，我们小组借住的房东是一个20多岁的小伙子，性格开朗，对我们很热情，但也是一个马大哈。一天，他骑自行车到公社办事，回来时，一个同学搭他的车回来，他骑上也没再问一声"坐好了没有"，就登车骑走了。到村里一看，后面却没有人，他赶紧往回找，在公社出来的两里路找到了那个同学。

我们学农的时候，正是春耕种苞谷的时候，发现这里种苞谷跟我们老家不一样。我在贵州桐梓县当过三年知青，干农活我还可以，我们种苞谷有几道工序：打窝、丢苞谷种子、浇粪、盖土，不能盖厚了，有稍大点的土块还要敲碎，怕种子发不出芽来；而这里种苞谷的工序多了一道，要踩土。老乡照顾我们，让我们干最后一道工序就是踩土。开始我是轻轻地踩一下，怕踩扎实了，种子长不出来。老乡说不行，你要使劲踩，防止水分丢失，也防止种子被风吹走。当时听了还真的不太理解，结果过了两天，刮起大风，那风一刮起来，几天不停，风力足有七八级，顶风走路必须弯腰才行。村里的大喇叭反复通知各家各户，一律不准点火，怕烟囱冒一点火星引发大火灾。我们房东老大爷是一个早年闯关东的山东人，不识字，跟他聊天时我告诉他，我们是吉林大学法律系的学员，他不理解，用那山东话问"什么吉林大学法西斯？"我们反复解释几遍是法律系，他还是转不过弯来，到最后，我们离开农村返校时，房东大爷热情地跟我们告别："法西斯同学，再见啦，有空来玩啊。"

我任班级文艺委员的往事

胡延滨

作者简介：

胡延滨，1968年在江西省信丰县油山共产主义劳动大学学习，1970年12月推荐至江西省进贤县中央办公厅五.七干校学习锻炼，1973年3月分配在赣州革命委员会教育组工作，1973年经推荐进入吉林大学法律系学习，毕业后曾在赣州市章贡区法院工作，1984年2月至2012年12月退休前在赣州市中级人民法院工作，任刑事二庭长，审判委员会委员，三级高级法官。

人生经历，瞬间即逝。离开吉林大学已有四十多年了，回忆当年在吉林大学度过的岁月，许多往事历历在目。

一

1973年8月，我接到了吉林大学的录取通知书，月底从江西赣州一路北上到了美丽的东北城市——长春。接待新生入学的车子一路驶来，路过了斯大林街、解放大路，看见了各种车辆在大马路上行驶，一直未见进入吉林大学的校园，车子开着开着就停在一栋宿舍楼前，一听说到了，我就立即收拾行李下车。由于法律系是"文革"后的第一届招生，所以也就没有老生帮忙搬行李，好在一同入学的谢凯忠同学，请来几位同班的男生，帮着我把行李扛上了三楼317室。

当天下午，比我先一天到校的女同学张惠玉、庞玉铭领着我到校园走走看看。从斯大林大街的文科楼、鸣放宫到解放大路的图书馆、理化大楼、数学楼和体育场，参观了第七、八宿舍附近的生活区，方园好几里路，还有城市公交车、有轨电车从校园穿行，我的天啊，这是个什么校园，好大啊！后来得知这就是吉林大学号称"马路大学"的由来。

参观回来后，我们五个女同学正在聊天，忽然听到有敲门声，开门后，进来了两男一女三位老师，一位是法律系总支书记聂世基老师，一位是系办公室主任任振铎老师，还有一位是管理教务的李舜英老师。他们热情和蔼，详细向我们介绍了法律系里的情况，告知今年招生三十人（当时有些东北同学没入学）共有三十九位老师等情况。又问候我们到校是否劳累，并说东北寒冷，你们南方的同学是否带足了衣物，特别是李舜英老师还摸了摸我们的被褥厚不厚，并说女同志一定要保暖等一系列关心我们生活的问题，使我们心里感到很温暖。当时我想有这么好的校园环境，这么好的教学大楼，有这么多好老师，有一个老师教一个学生的师资力量，该是多好的教学条件呀，对于我这样一个文化基础薄、又不是出自政法系统的学员真是一个难得的学习机会。

二

到了九月下旬，开学上课了，班里入学的同学也陆续到齐了，最终班里共三十六名同学，有不少是来自政法系统的，还有不同行业的工人、农民。系里为了便于教学、生活管理和开展文体活动，需要组成班委会，也许是之前看了我的档案，发现我有一点文艺特长，就安排我担任班里的文艺委员。当时我有些懵懂茫然，一是环境生疏；二是同学之间互不了解，心想大家到学校来是抓紧时间学习，能舍得用业余时间搞文艺活动吗？三是系里有什么要求、如何开展工作呢？想了想既然接受了系里的安排，只有走一步看一步。于是我就找李舜英、刘兴华两位教师了解情况，担任文艺委员有什么工作任务，他们告知我，首先每周要了解学校鸣放宫放映什么电影，为大家登记购买电影票，让同学们方便看电影，然后组织同学们唱歌和唱样板戏。李舜英老师特别热情，带我到鸣放宫吉林大学俱乐部办公室了解如何订购电影票，同时介绍认识了俱乐部管理的老师，记得这位老师也非常热情，带着我参观鸣放宫（伪满时期的建筑），地下办公的房间很多，放映、录音、摄影等功能场所很多。更令我惊叹的是有一个地下大仓库，里面堆放着可以组织一个民乐、管弦乐、打击乐的乐团的各种乐器，还有各种演出用的服装及各种少数民族演出用的服装。当时我特别激动地说，吉林大学怎么还储备这么多文艺活动器具呀！那个老师悄悄地对我说，是匡亚明当校长时期置办的，这些东西当时算不上"封、资、修"的"四旧"，况且一直在地下室仓库保管，没人知道，也就没遭到"打、砸、抢"，所以得以保留下来了。我也暗自高兴，这些物资随着吉林大学开始招生后可以见天日，有用武之地了，我要想办法利用它们开展活动。

在系里的老师关心支持下，我经常订购电影票，一直到毕业。在课余时间我也没忘记这个文艺委员的任务，于是想了两个办法：

一是去找总支书记聂世基老师汇报我的想法和建议，是否能在国庆节举办一次系里的师生联欢会，通过这项活动了解同学们的文艺特长，结果得到聂老师的赞同和大力支持。这项活动安排一经通知，系里的师生都积极响应。通过这次活动，我们发现郑克强同学具有很强的表演能力，他绘声绘色表演了山东快书《大老王剃光头》，演出时得到了在座师生们的阵阵喝彩。还有渠建荣唱的《苗山好风光》的民歌，感觉有原生态之音，曲终后也博得师生们的阵阵掌声。这次活动确实发现班里同学唱歌和表演的实力。同时也得到老师同学们的肯定和赞成，并说以后要多开展这样的活动，既拉近了师生关系，又丰富校园生活。

二是充分利用资源，吉林大学俱乐部储备了那么多各种乐器，要利用起来。我向任振铎老师汇报了想法后，他非常支持，并开具了借乐器的证明。那时我确实不知道班里那些同学会摆弄什么样的乐器，只想借出乐器再说。在女生宿舍聊天时，得知龙桂珍能拉小提琴，还会弹秦琴，庞玉铭同学也会弹秦琴。这样龙大姐和我一道到俱乐部借来了部分乐器。借来的二胡、扳胡、三弦放在男生宿舍，由男同学去摆弄，小提琴和秦琴放在女同学宿舍，由女同学摆弄。经过几天的练习，郑克强说可以合奏了。通过这两种办法对我们班上同学的文艺特长有所了解。

三

1974年元旦即将到来，校学生会要举办全校文艺汇演，系里要求班里排练节目参加汇演。于是，刘兴华老师召集郑克强、龙桂珍、渠建荣、我等几位同学开会讨论。我们法律系在学校当时是一个小系，学生人数不如理、化、外语、文、史、哲大系人数的零头，不可能演出大型歌舞类节目，讨论决定由渠建荣同学出演一个女声独唱，由郑克强同学组织一个小乐队，来个自拉自唱的节目。我们选了一首江西民歌《请茶歌》，另一首是《延安窑洞住上了北京娃》。曲目确定后，渠建荣还不熟悉这两首歌，郑克强同学一段一段教唱，很快她就完整拿下这两首歌。然后，郑克强又带领周惠和谢凯忠、郭木根等同学练习伴奏曲，在合奏时总会出现节奏不齐、不和谐的情况，这时龙大姐用碰铃和木鱼打节奏指挥，就出现节奏一致的效果。为了达到更好的效果，郑克强还拿出自己的笛子为《延安窑洞住上北京娃》这首歌伴奏，一经练习，感觉耳目一新。我们还请有特长的王忠老师指导，王老师热情地接待了我们，他听后发现了一些问题，然后指出每句调子应把握轻重节奏的落点和气息运用，这样才能唱得不累，而且好听。经过近三个小时的耐心指导，再唱出来的感觉大不一样。临近演出时，除了抓紧排练，我和龙大姐还要考虑上台演员和乐队穿什么服装。那年代的服装颜色很单调，要么一片灰，要么一片黑。想来想去就确定乐队同学上穿绿军衣，下穿深蓝裤子，头戴军帽。

终于要上台演出了，郑克强检查、调好了弦音，一切准备就绪。当主持人报幕后，我和龙大姐在舞台上摆好椅子，乐队和演员先后上场，他们在台上表现出了饱满的精神状态，渠建荣同学满怀激情唱完了《请茶歌》，台下响起一阵阵掌声，且掌声不断，本来独唱一般只唱一首歌，由于掌声热烈，就将早已准备好的《延安窑洞住上了北京娃》报出，接着演唱。这时龙大姐和我在后面也激动不已，听见有的同学说，小小法律系真不赖，几十个人又能唱又能拉。更有趣的是，有个同学说，法律系南方人多，都怕冷，上台都要戴棉帽，可以演《智取威虎山》了，我一听差点儿笑出声来。这次演出，我们的节目非常成功，给全校师生留下了深刻印象。我这个文艺委员也收获了成功的喜悦。

时光流入1974年9月，系里接到学校通知，要我们的节目参加吉林省文化厅组织的国庆二十五周年长春南湖公园水上舞台的演出。参加这次演出单位是吉林省知名的文艺团体，即长春电影制片乐团和吉林延边地区歌舞团。为此，我感到非常惊讶和激动，能和知名剧团、知名艺术家同台演出我们感到很荣幸，特别是长影的歌唱家李世荣（蒋大伟的老师）、卞桂荣都是拍过许多电影、唱了许多插曲的明星。过去只是听其声，不见其人。这次派我们节目参演，说明元旦在鸣放宫演出的女声独唱的节目质量，给学校留下了深刻印象。当我们再次排练时，总支部书记聂世基老师前来看望大家，并进行了简单动员和鼓励，要求我们要将精彩的演出节目展现在长春人民面前。我们听后倍感振奋，大家一起表示要努力完成这次演出任务。

到了国庆节，我们到达演出地点，用小船拉到水上舞台，我们看见观众当中还有许多外国朋友。到了这种场面有的同学都紧张了，这时郑克强同学特别镇静，他有演出经验，告诉同学要放松、要精神饱满，后来大家的情绪安稳了，终于完成这次重大演出。

四

随着秋季到来，法律系1974年招收的新生已入学了，这届招收了两个班，学生队伍壮大了，新入学的同学也是来自社会各界，人才济济。系里为了便于开展各项活动，成立了法律系学生会，系学生会的文艺部长由在学校颇有名气的渠建荣同学担任，原来仅限七三级班参加的活动，以后必须要有两个年级的师生参加，为此我就退出了组织者的位置。渠建荣同学也是很谦虚，经常将我拉进来参加系里的活动，我也乐意配合她的工作。在之后的时间里，我们曾与七四级班、七五级班的同学分别排演过两个女声表演唱，这两个合唱中的领唱都是由渠建荣和我担任，我也终于有了上台表演的机会。

每每想起在吉林大学三年这段生活经历，总有一种难以忘怀的青春快乐的感觉。四十多年之后，将这段往事分享给曾经关心支持和配合我做文艺委员工作的老师和同学，以表达我的深深的敬意。

难忘的青春岁月

渠建荣

作者简介：

渠建荣，1952年11月出生于贵州省铜仁县（今铜仁市），1968年铜仁中学初中毕业(最后的老三届)。1969年1月当地下乡知青，1970年9月回炉上高中，1972年分配到贵州省铜仁地区公安局做档案管理工作，1973年9月参加高考，并经推荐进入吉林大学法律系学习，在校期间担任法律系学生会文化部部长。1976年7月毕业后，回到原单位做秘书工作。1978年参与筹建贵州省铜仁地区检察院工作，在铜仁地区检察院任刑事检察科科长，检委会委员。1984年在中国政法大学研究生班培训学习，1986年调北京市人民检察院工作，担任检察业务指导工作及检察业务教育培训主管，三级高级检察官（正处级）。退休后，发挥余热任北京国际法学会副秘书长及文化创意产业法律委员会秘书长。

也许，我们南方人对东北的印象就是大雪纷飞、天寒地冻。但是对我来说，东北的最深的印象却是我们激情燃烧的青春岁月，是我们大学同窗三年的深厚友谊！

一、第一次登上鸣放宫舞台

1973年秋，我经过贵州省公安机关的推荐参加正规考试以后，成为吉林大学法律系一名学员。当时我们班仅有36个来自吉林、江西、贵州的学员，是"文革"后全国恢复大学法学教育的第一届学员。开学后，法律系领导和老师们高度重视，举办了一次别开生面的迎新晚会。晚会上，我感觉老师们个个情绪激昂，非常兴奋。是啊！大学恢复法学招生以后，他们才陆续回到学校开始了他们久违的法学教学工作，他们能不情绪激昂吗！

晚会上，老师们个个拿出绝活，吹拉弹唱，各显神通。在老师们的鼓励和影响下，全班同学也跃跃欲试尽情表演，我这个不善文艺的人也硬着头皮唱了一段山歌。也许是因为贵州美好独特的山水的滋养，我的原生态歌声高亢、清脆，得到了大家的赞扬。当时的校学生会文化部部长蓝玲也参加了法律系的迎新晚会，她当即确定让我参加即将举办的学校迎新晚会演出。对此，系里高度重视，从同学中精心挑选，组织了一支精干的民乐队，乐队里的同学抓紧一切空余时间排练。

图为渠建荣

同时系里的高树异老师、张光博老师、王忠老师等都给予我许多指导，有的帮我纠正南方口音，有的教我演唱技巧，高树异老师还不辞辛苦亲自带我去长春人民广播电台寻找珍藏的著名民歌歌唱家郭兰英的唱片。

在老师、同学的大力鼓励支持下，在老师们的指导下，我终于鼓足勇气第一次登上了吉林大学鸣放宫舞台。

国庆节前夕，学校迎新晚会在鸣放宫举行。仲秋之夜凉风习习，同学们三五成群，兴高采烈地奔向鸣放宫会场。我作为当晚歌唱节目的演员便随着乐队同学早早地到后台化妆室化妆候场。

晚会现场人声鼎沸，演出的节目获得大家一阵一阵热烈的掌声。轮到我出场了，晚会主持人报幕："接下来请欣赏法律系女声独唱，《银锄开出大寨田》，表演者渠建荣。"我顿时浑身紧张起来，不停地做深呼吸。这时乐队指挥郑克昌同学，轻轻地走到我身边，不无担心地悄声说道："你不会第一句就唱跑调了吧！"我一下子愣住了。是呀！从来未上过舞台的我，会不会开口就唱错了，这可不好说啊！我两腿直哆嗦，阿图话也说不上来了。忽地眼前灯光一亮，舞台大红幕布徐徐拉开，两腿哆嗦得不听使唤的我不由自主地随着乐队走上舞台，如果不是妆容的掩盖，真不知我的脸会因紧张而扭曲成啥样！我咬咬牙，强压住紧张的情绪，也忘了同学们"你别看台下的观众，抬眼望远处的一片夜色，就不会紧张了"的一次次叮嘱。

在台前站定的那一刹那间，我看到了台下坐成一排的我们班的女同学，我看到了她们期待和鼓励的微笑，顿时鼓起了信心和勇气。随着熟悉的乐曲过门，我唱出了歌曲的第一句"金色太阳照山川……"，我陶醉在那悠扬动听美妙的乐曲中，不知不觉一曲终了。

谢幕时，台下响起了雷鸣般的掌声。事后同学们告诉我，"一旁的观众还说你是新疆歌舞团的呢！你可把三段歌词唱了个颠三倒四，急得她们直跺脚。"我的天哪！好在当时没有字幕，观众们只闻歌声并没注意歌词，才使得我侥幸过关。

第一排右一为渠建荣

二、参加马拉松赛跑

大学生活期间，我们的文化体育生活丰富多彩，每天早晨我们班同学在体育委员周惠和同学的带领下，围着公园的小路跑上一圈。那时候我们学校的生活比较艰苦，大家都是吃高粱米饭和玉米饼窝窝头，很少吃大米饭，对于我们南方人来说这本是件痛苦的事，可是，同学们一个个都比刚到东北来的时候胖了许多，我还长高了呢，不得不说还是吃五谷杂粮营养丰富。

1975年秋季开学后，学校举办了一次群众性马拉松长跑（绕地质宫跑一圈数千米）比赛运动会。为了更好地加强自身体质锻炼，我和江西的张惠玉同学和吉林的张秀珍同学等同学都报了名。我还记得那一天，同学们都早早地来到地质宫广场（这里曾经是伪满时期的伪皇宫广场，新中国成立后是地质学院广场），广场上人山人海，热闹非常，上千人同学齐聚运动会场等待检录。首先是男生赛跑，黑压压的一片男同学在裁判的一声枪响令下，齐刷刷地蜂拥跃起，冲出了起跑线。"加油！加油！"地质宫广场沸腾了。接着，广播里传来："请参加赛跑的女子组做好准备，比赛马上开始！"一会儿工夫起跑线上就聚集了数百名文、理科各系身背运动员号牌的女同学。裁判员一声令下，我跟着张惠玉、张秀珍两位同学的身影迈出了稳健的步伐，我坚信自己有毅力，加上有平时经常锻炼的基础，我相信自己一定能坚持跑到终点。100米、200米、500米，我感觉有点累了，已经开始有人离开了跑道，看看前面跑着的张惠玉、张秀珍同学，我好似忘记了一切，紧紧追随她们向前跑去，1000米、2000米、3000米……在最后的1000米这最艰难的时刻，我的步伐沉重起来。

　　"加油！冲啊！快到终点了！"系里的刘兴华老师来到我的身边，陪着我跑步，给我鼓劲，使我心里涌起一股热流，步伐顿时也轻松了许多，我猛冲一阵，赶超了一些同学，成功到达终点！我在这次长跑中取得了第五名的好成绩，为法律系争了荣誉。

图为1975年吉林大学田径运动会

三、刻骨铭心的同学情

大学三年，使我终生难忘的是，我们七三级法律系女生317宿舍的热闹与温馨，每到周末晚上，我们有说有笑，讲故事、唠家常。"情报处长"贵州同学龙桂珍大姐坐在高高的二层床上眯缝着她那双大而神秘的眼睛，以公安侦查人员的敏锐嗅觉常常爆料同学们难以预料的故事和消息，引得姐妹们爆发出一阵阵的笑声。而长春的王静范同学则是地地道道的东北口音单口相声准演员，一会儿蹦出一句东北话让人寻思半天不得其解，一会儿甩出一句东北嘎咕话，让大家捧腹笑半天。特别是寒暑假返校后，姐妹们纷纷带来各自家乡的土特产，一起品尝着各地的美味佳肴，一片欢声笑语。

我们来自祖国的大江南北、五湖四海，为了学习法律知识的共同目标走到了一起，大家互相关心、互相爱护、互相帮助，其乐融融。

第三排右一为渠建荣

有一件事特别让我刻骨铭心，难以忘怀。那是在夏末秋初的一天傍晚，一场严重的传染性痢疾突然降临七舍，我们七舍食堂吃饭的上百名同学，都不同程度地感染了细菌性痢疾，而我却成为其中病情最重的一个。记得那天晚餐后不久，我便因为腹痛腹泻被宿舍姐妹送到了校医院，在等待治疗时，我突然感到胃腹部一阵剧痛，不顾一切地冲进卫生间，瞬间眼冒金星，一阵眩晕，我整个身体像似要坍塌下去了。

突然，我感觉有一双有力的臂膀抱住了我的上半身，我软绵绵地瘫倒在她的怀抱里，幸亏没有倒在污秽的地上。我看不清是谁在我万般痛苦昏迷时伸出了援手，但我听到了那特殊而尖细的南昌普通话，她呼叫着我的名字"建荣！建荣！"，瞬间的记忆让我牢牢地记住了她，那就是我同班同宿舍的张惠玉同学。一个平时事事严格要求自己，学习努力，关心、爱护、团结同学的女共产党员。由于基本处于昏迷状态，我全然不知还有其他哪些同学在场。当天晚上我就被确定住院，连续几天上吐下泻，高烧不退。多亏校医的正确及时诊疗和同学们的轮番悉心照料，我才转危为安。

图左四为渠建荣

几天后，同学们都到工厂农村开门办学去了，我却仍在校医院住院治疗。时任法律系办公室主任的任振铎老师的70高龄老母亲在大家都吃粗粮的情况下，省下细粮熬了大白米粥送到医院，我手捧着热腾腾晶莹剔透的东北大白米粥感动得热泪盈眶。在校医院医生的精心治疗下，病中虚弱的我，从完全卧床到能够坐起、从站立到迈步行走，经历了长时间的煎熬。可一想到同学们都去参加开门办学了，我就心急如焚，大脑中就不断浮现出张惠玉同学清晨外出读书、跑步晨练的情景。榜样的力量是无穷的，于是我拟定了锻炼计划，从校医院到七舍距离不过200米，我从走10米坐下歇息一次，到走30米——50米——100米歇息一次，终于可以绕着同志大街慢走，再到慢跑。最后，在我的强烈要求下，我得以出院，终于参加上了后期的开门办学实践活动。

图为校友聚会上，渠建荣和任振铎老师的合影。

四、终身遗憾的一件事

1976年7月28日，距离大学毕业只有一个月了，这是全国人民最痛苦又无法忘记的时刻，河北唐山发生特大地震，几十万人被埋入废墟之中。学校接到地震消息，马上全校紧急动员，组成担架队、卫生救护队等组织开展救援工作，我被分配到了电话组负责值守电话联系。同学们都积极行动起来，纷纷做着火区救援支持工作和防震自救准备。

此后不久，我便得到父亲前往地震灾区出差失联的消息，我非常担心。几天后，可怕的事真的发生了。我在学校举行运动会田径200米预赛时，一个跟跄摔倒在地，顿时膝盖被鲜血染红，刚刚坐下休息，运动会大喇叭里广播声响起："法律系的渠建荣同学到图书馆楼取电报。"我当即离开运动会场魂不守舍地走向图书馆楼，拿到那张"父亲因公牺牲"的电报纸，我大脑一片茫然，不知其中何意，转而询问身边同学"牺牲是什么意思啊？"没有眼泪没有悲伤，我像一根木头一样在同学的搀扶下慢慢走回宿舍，见到同学们时，我大脑顿时清醒——父亲没了，他永远离开了我！一时间，我号啕大哭、泪流如注，系领导、老师们纷纷来看望、安慰我。为了能让我见父亲最后一面，系领导同意我即刻奔赴北京与地方政府工作组见面，班主任韩国章老师上下奔波，为我购买飞机票，当天晚上我便仓促乘飞机离开了长春，离开了培养、关心我的老师，离开了共同学习、共同进步、互相关心、互相爱护的同学、离开了生活三年的317寝室、离开了学习三年有余的吉林大学。

到达北京后才知道父亲和200余名同事的遗体均未找到。工作组安排我回家安抚家中老母亲及处理相关善后事宜。事后得知父亲一行人270余名基层干部为改变当时贵州落后面貌，到河北遵化县（今遵化市）王国藩"穷棒子社"学习经验，7月27日途经唐山休息，半夜3点42分即遇大地震，200多人中仅30余人幸免，其余全部遇难。我父亲从抗日战争到解放战争都顽强生存下来，却意外葬身于离家千里之外的一次自然灾害之中！不该呀！不应该啊！我难过、我痛苦以致无法解脱。一位老人对我说："他们都是毛主席的兵，毛主席、朱总司令、周总理他们都走了，你爸爸是跟着毛主席他们走了。"这淳朴的说辞使我心灵得到安慰，让我释然了。

我回到贵州老家后，除了安抚母亲，就是配合当地政府部门处理父亲去世后的相关事宜，以后再也没有回到吉林大学，直到收到学校寄来的学生档案材料，看到张惠玉同学带领317寝室同学为我收拾、打包、装箱寄来的全部书籍和生活用品行李，我知道自己已彻底离开了吉林大学，我再也回不去了，我手捧着吉林大学学生档案袋流下了依依惜别的眼泪。

人的学生时代，从小学到大学毕业，每个阶段都会有一个让人念念不忘的毕业典礼和一张毕业合影照片，而我有小学的，有中学的，却没有参加人生最为重要的吉林大学毕业典礼，这是永远不能弥补的！这是我终身的遗憾！

三年的大学生活，一晃就过去了40多年，现今两鬓斑白的我对这青春岁月的回忆竟是如此的难以忘怀，如此的刻骨铭心！我十分感谢大学老师对我们的教育培养之恩，在教授我知识的同时教我如何做人。感谢同学们对我的关怀之情，教会我懂得什么是人格魅力，教会我要做一个诚实的人，教我学会感恩！我衷心祝愿同学们健康幸福！祝福我们的母校越办越兴旺！

图为45年后渠建荣在鸣放宫前留影

馋人的油炸糕

杨文峰

作者简介：

  杨文峰，汉族，生于1960年6月，陕西乾县新阳镇咸阳村人，毕业于吉林大学法律系，曾任西安市人大常委会办公厅副巡视员。

作者：杨文峰

  一方水土养一方人，这话一点也不假。比如说，油炸糕这个东北等地区传统的特色糕点，就是一种不可多得的人间美味，而我一个西北人却对它情有独钟，每每想起，垂涎欲滴，有咬一口之冲动，那种独特的香味儿深深地刻在我的脑海，难以忘却。这还得从我考入吉林大学法律系说起。

吉林大学法律系821班全体同学在吉大七舍前合影

1982年9月，我从西北陕西乾县一个贫穷落后的乡村出发，背着被褥、棉衣棉裤，带着母亲烙的锅盔、煮的鸡蛋，兴致勃勃地到长春求学，加入吉林大学大家庭里，读书，学习，生活。平时在高中上学期间连咸菜都吃不上的我，忽然之间吃起了白面馒头，还有各种炒菜，顿觉生活有了翻天覆地的变化，尤其是当吃上一口颜色金黄、外脆里软的油炸糕时，只觉得柔柔的、黏黏的，味道甜甜的，沁人心脾、入脑入肺，特别好吃，常常作为早餐首选，尽情享用，幸福之情、溢于言表，个中滋味、不言自明。

我们在学校期间，实行供给制。每月供30斤粮食，分粗粮、细粮，70%的粗粮，可

吉林大学法律系821班七舍112寝室全体合影

以吃高粱米、苞谷糁、小米饭；30%的细粮，可以吃大米饭、馒头；吃大米饭还需要另发的大米票，每人每月3斤，后来好像调整为5斤了。好在当时可以用粗粮票购买早餐油条、油炸糕。那时候，我们住学生宿舍七舍，楼高四层，食堂设在一层，第二、三、四层住着法律系、中文系、经济系的学生。我们班33名同学，来自13个省区。我们来自8个省的13名同学，住112寝室。由于南方北方生活习惯不同，吃米吃面的差别，各自吃饭的吃法吃相根深蒂固，还闹过笑话。南方人吃米饭狼吞虎咽，北方人吃面条囫囵吞枣，相互戏谑着："你不嚼，咋下咽的，咋下咽呢？"

学校供应的早餐有豆浆、油条、油炸糕等。记得当时一个油炸糕需要6分钱、一两粗粮票，与一根油条的价钱一样。我刚到学校时，每天早饭能吃三根油条，若吃油炸糕的话，得四五个。那时候，由于家境贫寒，生活困难，基本上靠节省，尽管还有学校每月给的21元助学金，想想父母的辛劳和艰苦，少吃缺穿不容易，丝毫不敢奢侈，不敢多吃，为了节省，尽管喜欢，但吃油炸糕时只要三个，舍不得多花一分钱。现在回想起来，虽有些许遗憾，但总觉得在当时的困难条件下，大家都不富裕，无论谁都不是随心所欲的，省吃俭用、斤斤计较，情有所原。难以忘怀的是，我所在的法律系八二一班的同学们，团结友爱，互相帮助，有许多同学还将节省下来的细粮票馈赠予我，令我常常挂念于心，不曾忘记。

吉林大学法律系821班七舍112寝室全体合影

记得我曾询问过油炸糕的制作方法，有人告诉说，这玩意，说简单，其实也不简单，说复杂，其实也不复杂，需要的食材有糯米粉、面粉各半，豆沙馅适量，油若干。具体做法：首先，将面粉和糯米粉放入容器内，慢慢加水，将面和成光滑的面团，醒20分钟左右，再将面团搓成长条形，揪成一个个大小均匀的小剂子，

吉林大学法律系821班三组合影

搓成圆形，再压扁。其次，准备豆沙馅，多为红豆沙馅。其做法是将红豆事先浸泡十几个小时后，再将红豆煮熟煮烂捣碎成泥，加入些红糖或白糖即可。再次，将豆沙馅放在已准备好的面中包住封口，再压扁、压实。最后，在热锅里倒油，当油温升至七成热时，放入做好的糕点煎炸，炸到金黄色，糕点表面出现小泡时，随即捞出来沥油。这样，一份深受大家喜爱的、香甜可口的美食——油炸糕，就做成了。这种做法，和我们关中地区的糖糕、油糕有异曲同工之美。由于物产、地理、气候、交通、历史、民俗等诸多因素的差异，从而使各地产生了不同风格、独具特色的美食，吸引着来来往往的游子，走南闯北，乐此不疲。

而我能享受到像油炸糕这样有地域特色的美食，深感幸运。这主要得益于吉林大学的召唤，得益于长春这个美丽城市的魅力。上大学前，我不曾去过其他城市，那时候，西安这座城市对我而言，我只是过客。而长春就不同了，她是我人生中从农村走出来遇见的第一个大城市，是我学习生活了四年的城市，这些想法早已根植于心，我将之视为第二故乡，常常令我魂牵梦绕。有趣的是，多少次梦回母校，都是安排住在七舍里；多少次梦回母校，心中想着，咋没联系同学呢，于是急匆匆翻阅手机，但费尽九牛二虎之力，就是找不见电话，等等。思念之情，略见一斑。工作期间，如有机会到长春

出差，总是想方设法，全力争取。近40年来，曾回长春七、八次，每次都会品尝油炸糕。最近的一次是2017年7月，利用公休假偕老伴一同到长春的，除去过曾经的文科楼、理化楼、图书馆、鸣放宫、七舍、八舍外，每天到街上去追寻记忆中的味道，品尝心中的所想——油炸糕。离开长春前，还特意到八舍现在仍然对外开放的食堂，购买了十几个油炸糕，享用一路，回味无穷。

吉林大学法律系821班集体合影

应当说，油炸糕，始终是我的牵挂；油炸糕，始终是我的念想。油炸糕，永驻我心。我期待，在退休后的日子里，有机会，再回母校，再回长春，再品尝品尝让人垂涎三尺的油炸糕。

作者在吉林大学原七舍门前留影

明德篤行
隆導致公

文明榮 題